内容提要

本书内容分为两篇,第一篇为超近接敏感建筑物地铁区间暗挖施工风险识别与控制研究,主要包括依托工程地铁区间隧道超近接敏感建筑物施工风险识别、超近接建筑物变形控制原理、暗挖施工对建筑物影响的室内模型试验、爆破施工对建筑物影响的动力分析和超近接暗挖施工关键技术参数优化等内容;第二篇为软岩地层地铁车站初支拱盖法暗挖施工风险识别与控制研究,主要包括依托工程软岩地层地铁车站初支拱盖法暗挖施工风险分析、初支拱盖法围岩稳定及破坏特征研究、初支拱盖法施工工序优化与拆撑时机研究和软岩地层深埋地铁车站初支拱盖法施工变形基准控制研究等内容。

本书理论联系实际,适用性强,既可作为土木工程专业及相关专业的研究生的学习用书,也可作为土木工程领域的专业技术人员的参考用书。

图书在版编目(CIP)数据

超近接敏感建筑物地铁区间与软岩地铁车站初支拱盖
法暗挖施工风险识别与控制 / 谭芝文等著. -- 重庆：
重庆大学出版社，2022.7
（山地城市建造丛书）
ISBN 978-7-5689-3158-8

Ⅰ. ①超… Ⅱ. ①谭… Ⅲ. ①地下铁道—暗挖法—风
险管理 Ⅳ. ①U231.3

中国版本图书馆 CIP 数据核字(2022)第 068529 号

超近接敏感建筑物地铁区间与软岩地铁
车站初支拱盖法暗挖施工风险识别与控制

CHAOJINJIE MINGAN JIANZHUWU DITIE QUJIAN YU RUANYAN DITIE
CHEZHAN CHUZHI GONGGAIFA ANWA SHIGONG FENGXIAN SHIBIE YU KONGZHI

谭芝文 靳晓光 戴亦军
李 凯 陈灯强 尚 斌 著

策划编辑：王 婷

责任编辑：陈 力 版式设计：王 婷
责任校对：刘志刚 责任印制：赵 晟

*

重庆大学出版社出版发行
出版人：饶帮华
社址：重庆市沙坪坝区大学城西路 21 号
邮编：401331
电话：(023)88617190 88617185(中小学)
传真：(023)88617186 88617166
网址：http://www.cqup.com.cn
邮箱：fxk@ cqup.com.cn (营销中心)
全国新华书店经销
重庆升光电力印务有限公司印刷

*

开本：720mm×1020mm 1/16 印张：11.75 字数：163 千
2022 年 7 月第 1 版 2022 年 7 月第 1 次印刷
ISBN 978-7-5689-3158-8 定价：98.00 元

超近接敏感建筑物地铁区间与软岩地铁车站初支拱盖法暗挖施工风险识别与控制

谭芝文　靳晓光　戴亦军
李　凯　陈灯强　尚　斌　著

重庆大学出版社

前　言

　　在山地城市地铁工程的建设过程中,地铁车站或区间隧道超近接既有建筑物施工是一个普遍问题,国内外学者研究也较多,但超近接敏感建筑物爆破施工的研究较少。目前,岩石地层大跨度地铁车站的施工主要采用双侧壁导坑法和传统的拱盖法,虽然有学者对硬岩地层大跨度地铁车站初支拱盖法施工有所研究,但对软岩地层大跨度地铁车站初支拱盖法暗挖施工的研究还较少。

　　本书在广泛查阅国内外相关领域研究成果的基础上,结合具体工程实例,采用理论分析、物理模型试验、现场试验和数值模拟相结合的方法,对山地城市地铁区间隧道超近接既有敏感建筑物爆破施工与软岩地层大跨度地铁车站初支拱盖法暗挖施工风险识别与控制进行了系统、深入的研究。

　　本书是在总结提炼作者主持的科研项目研究成果的基础上完成的,同时吸收了其他相关论文、著作中的研究成果,在此表示最诚挚的感谢。在成书过程中,重庆大学杨海清教授、张照秉硕士、张晨阳硕士,中建隧道建设有限公司杜永强、张艳涛、刘灿、邱琼、尹辉、王安民、梁军及中国建筑第五工程局有限公司郑邦友、卢智强、雷军也做了大量的工作,在此表示衷心的感谢。

　　由于作者水平有限,书中难免存在疏漏之处,敬请读者批评指正。

著　者

2022 年 4 月

目　录

第1篇

超近接敏感建筑物地铁区间
暗挖施工风险识别与控制研究

第 1 章　超近接敏感建筑物地铁区间暗挖施工风险识别

1.1　研究背景及意义

1.1.1　研究背景

我国国土面积辽阔,地势整体呈西高东低,地形多样,其中山区面积占国土总面积的2/3,且主要集中在中西部地区。自 20 世纪 80 年代西部大开发战略实施以来,我国西部地区进行了大量的工程建设,在早期城市建设、公路建设、机场建设中,广泛采用堆填的方法进行场地平整或处理固体废料,从而形成了大面积土石混合体区域。近年来,随着国民经济飞速发展,城市化进程不断加快,城市轨道交通不再仅以满足通勤客流、物资运输为目的,而已经成为城市功能结构与土地利用优化的有力引擎。截至 2021 年底,我国拥有轨道交通的城市已达 50 个,运营总里程约 8 939 km;2021 年新增 9 个城市开通轨道交通,新增开通线路 45 条(段),新增运营里程约 1 363 km。

与此同时,地下公路、地铁、综合管廊等建设项目的广泛兴建也不可避免地带来了一些负面影响。城市地下工程的施工过程必然对周围岩土层产生扰动,导致地表沉降和建筑物的变形。对处于近接的城市隧道而言,施工区域周围的环境较为复杂,建筑物林立、车流量较大,且隧道埋深一般较浅,这对于既有建筑结构和地下工程项目本身造成了安全隐患。

1.1.2　研究意义

地下交通的发展能有效缓解地面交通的压力,但在地下隧道施工过程中,由于城市建筑物较为密集,不可避免会出现隧道下穿近接等重要建筑物的情况。这引起了开挖区域地层的移动,地层位移的影响传递给周围的岩土层,导致发生沉降等地表变形情况,地表的变形传递给建筑物的基础,将给既有邻近建筑物带来安全隐患。

因此在隧道施工前,有必要对施工区域的既有建筑物开展风险辨识与评估,并采取有针对性的风险控制措施。本书以新桥站—高滩岩站区间隧道下穿陆军军医大学等超近接隧道施工为项目依托,针对既有建筑物附近的浅埋暗挖隧道施工问题,分析超近接建筑物变形控制原理,并对邻近建筑物的风险辨识及控制技术进行系统研究,使工程技术人员更容易识别、分析、评估和控制城市暗挖隧道项目的风险因素;并根据暗挖施工对地表建筑物的影响进行室内模型试验研究,以期优化地铁隧道施工爆破参数和施工方案,减小爆破施工对地层以及地表既有结构扰动的影响,保证在地铁隧道建设中的人员安全及结构物的稳定,并且实现经济效益最大化,为类似工程提供借鉴。

1.2 国内外研究现状

1.2.1 隧道施工的安全风险管理研究

城市化起步较早的发达国家较早便开始了地下交通基础设施建设,积累了丰富的工程经验,并在此基础上较早开始研究隧道施工的安全风险管理。自 20 世纪 70 年代以来,风险管理学科发展迅速,层次分析法、敏感性分析法、模糊综合评价法等方法在建筑工程领域得到了广泛应用,在工程项目风险的评价上发挥了积极作用,日益成为工程管理领域不可或缺的一部分。

Sousa 和 Einstein 基于贝叶斯网络,提出了一种系统评估和管理隧道施工相关风险的方法,建立了综合地质预测—施工决策模型,并将其应用到葡萄牙地铁工程的施工中。

Einstein 等将风险分析和决策应用于斜坡设计和隧道掘进等岩土工程应用领域,并针对阿德勒铁路隧道提出了隧道风险分析的方法。

Hyun 等讨论了盾构隧道掘进方法在施工期间发生不良事件的潜在风险,采用故障树分析和层次分析法进行风险分析,同时考虑风险的概率和影响,系统地评估整体风险水平。

陈亮等建立了盾构隧道施工风险数据库,系统归类总结了盾构施工中常见的风险事故、风险源及相应的控制措施,开发风险管理软件,让数据库服务于风险识别、风险评估和决策的各个环节。

侯艳娟等在隧道开挖对建筑物影响研究的基础上,对影响区域范围内的建筑物进行分类整理,并引入了模糊数学综合评判法,用模糊语言评价建筑物的风险程度。

安永林建立了考虑人员、设备和环境的隧道风险评价模型,以结构物等变形监测为基础,建立风险监测与预警体系。

赵冬安应用模糊故障树分析法,对盾构施工过程中的管片错台、开裂等问题开展分析,并采用基于贝叶斯网络的故障树分析法,分析了地铁车站基坑工程的风险。

黄洪伟系统总结了地铁项目的风险识别与评价方法,构建了项目评价的一级、二级指标,采用网络分析法构建了地铁项目的风险评价模型。

1.2.2　暗挖施工对地表建筑物影响的研究

目前,有关隧道施工影响地表建筑物的研究主要分为两种。第一种是两阶段分析法,第一阶段分析隧道开挖引起地表的沉降与水平变形;第二阶段分析建筑物受地表变形的影响。这种方法计算较为简便,但忽略了建筑物与地表沉降之间的相互关系,即建筑物的存在对地表沉降本身也会造成影响。第二种是整体分析法,将隧道、土层和建筑物视作一个整体进行分析。这种分析方法更加接近实际,但计算较为复杂,适合利用有限元软件进行求解。

Mrouch 等建立了隧道施工的三维有限元模型,分析考虑了隧道施工过程中既有地表建筑物的影响,认为建筑物的自重和刚度对隧道开挖的影响不可忽视。

Cording 等将隧道施工对建筑物的损害分为结构性损害和表观性损害,分析隧道施工对建筑的不同损害程度。

Hergarde 等采用离心模型试验方法研究了隧道施工对端承桩的影响,隧道与既有桩基础水平间距的大小将影响桩基础沉降及其承载力。

Jacobsz 等通过离心模型试验研究了隧道施工引起的桩基(单桩、群桩)作用机理,给出了桩基可能受到影响的区域划分,以及在既有邻近桩基存在下的隧道施工建议。

Chiang 等基于一系列饱和砂土中的离心试验,对隧道与钻孔灌注桩在沙地中的相互作用进行了深入分析,研究了不同桩长和不同隧道埋深下隧道施工与桩基的相互作用,确定了长桩和中长桩的荷载传递机理。

Morton 等通过室内模型试验研究了软弱土地层中隧道开挖对邻近桩基沉降和承载力的影响,得出了有关土壤膨胀破坏和潜在桩基破坏区(取决于隧道体积损失情况)的结论。

韩雪峰等针对地铁浅埋暗挖隧道施工问题,对地表建筑物的沉降开展分析,并提出了相应的控制措施。

王晖等在分析地表不均匀沉降对建筑物地基和上部结构影响的基础上,分析了不均匀沉降种类及数值对上部结构内力与变形的影响。

上述专家学者针对既有桩基条件下隧道施工引起的地层变形做了大量研究工作,取得了相应的研究成果。以往的模型试验大多是采用预埋监测仪器的方法来对隧道开挖过程中地层的变形沉降进行监测,这在试验过程中就不可避免地对试验结果造成了一定的干扰。本书通过室内缩尺模型试验模拟,研究城市暗挖隧道分步施工条件下,不同桩基长度对地层变形的影响,将 PIV 技术、激光散斑技术、图像互相关处理技术相结合,实现了模型试验的全场无接触式测量,分析了不同桩基长度下,隧道开挖过程中周围土体内部的移动规律趋势。

1.2.3 爆破施工对邻近建筑物影响的研究

隧道工程中最常采用的掘进工法就是钻爆法,它具有应用成熟、快捷、经济的优点。但是,爆破会产生震动效应,将对爆破点邻近环境造成一定的安全影响。尤其是遇到地表建筑分布密集、结构类型复杂的城区隧道工程,会严重影响施工进度。据此,分析爆破施工作业下建筑物振动响应规律具有重要的实际意义。从 20 世纪 20 年代起,海内外学者就开展了相关研究,具体如下所述。

ZHOU 认为评价结构破坏的最好标准是选用质点的振动加速度值,其深入研究了质点振速与动态拉应力的关系后,利用衬砌材料的动态拉应力破坏准则提出了动态拉应力判据。

祝文化针对爆区附近存有厂房结构建筑物的实际工况,对厂房进行了非线性时程分析。研究结果表明:建筑物上质点建筑物的高度对质点振动强度和质点振动位移有显著的放大效应,并且质点振动强度的放大效应要比质点振动位移的放大效应强,同时给出了由高度差产生的高程放大系数。

田运生运用反应谱理论,给出了邻近爆区民房的房屋剪力和爆破水平地震力的计算公式。

高富强对四层建筑物进行了不同震动强度、主频的动力响应特性分析,得到了爆破地震波的主频和结构的固有频率相差越小,结构的振动幅值就会越大的结构。

吴德伦归纳总结了海内外爆破振动强度和安全振动速度的研究结果,建议性地给出了相关的爆破振动安全速度控制值。

陈士海等从爆破地震波三要素的角度,对一个典型的二层两跨砌体结构进行损伤和动力响应的研究,证明了结构在高阶振动模态对应的频率中存在一个危险的频率段。

罗忆归纳总结了爆破振动破坏机理的进展与研究现状,并与国外相关的控制标准进行了对比分析,列出了以前爆破振动破坏理论中的不足之处和当前爆破振动控制标准中存在的一些问题。

陈顺禄采用有限元的方法分析了爆破地震波作用下一个七层七跨带门窗结构的钢筋混凝土建筑物模型的动态响应和损坏效应问题。

刘耀民采用测定井巷爆破掘进后围岩应力重新分布形成松弛圈的松弛范围的方法来判断围岩稳定性,评价爆破效果,为支护设计提供依据。

李岚总结了隧道的普遍危害,采用数据融合的理论进行了隧道检测技术的选择方案研究,提出了数据融合模型,增强了发现和处理病害的能力。

李晓杰采用检测声波的方法测量了爆破前后岩石中声波参数的改变,不仅可由检测结果来间接地分析岩体内部结构变化程度,而且能够对爆破前后岩体的变化状态做出定量判断。

林从谋依据浅埋隧道爆破施工作业的实测数据分析了爆破地震波的振动频谱及能量分布特征,拟合出了振动强度在花岗岩中的传播衰减规律。

孙正华等在评估南京地铁二号线爆破施工作业下地表文物的振动响应时,引用南京地铁实际工程,介绍了振动监测技术、测点布置等有关问题。

1.3 研究内容、方法及技术路线

1.3.1 研究内容

①依据新桥站—高滩岩站(以下简称"新—高")区间隧道下穿陆军军医大学等超近接地铁区间隧道为项目依托对暗挖施工风险区进行识别,对各关键风险点进行风险等级评定划分。

②对超近接建筑物变形控制原理进行研究,从微观向宏观递进的角度去研究城市地下隧道开挖对邻近地表建筑物产生的影响。

③通过室内缩尺模型试验模拟,研究城市暗挖隧道分步施工条件下,不同桩基长度对地层变形的影响,将 PIV 技术、激光散斑技术、图像互相关处理技术相结合,实现了模型试验的全场无接触式测量,分析了不同桩基长度下,隧道开挖过程中周围土体内部的移动规律。

④根据 GA、PSO、ICA、ABC 和 FA 优化技术中最有影响的参数,建立了多种基于混合神经网络的预测模型,并提出了 5 种基于混合神经网络的预测模型,针对爆破施工对建筑物影响进行动力分析。

⑤建立周边眼偏心不耦合装药计算模型并对其进行分析,完成暗挖施工关键技术参数的优化。

1.3.2　技术路线

本书以重庆市轨道交通新—高区间隧道超近接下穿陆军军医大学为项目依托,针对既有建筑物附近的浅埋暗挖隧道施工问题,分析超近接建筑物变形控制原理,并对邻近建筑物的风险辨识及控制技术进行了系统研究,使工程技术人员更容易识别、分析、评估和控制城市暗挖隧道项目的风险因素;根据暗挖施工对地表建筑物的影响,进行了室内模型试验研究,建立了多种基于混合神经网络的预测模型,并提出了 5 种基于混合神经网络的预测模型,对爆破施工对建筑物影响进行了动力分析,进而对暗挖施工关键技术参数进行优化。

1.4　依托工程概况

重庆轨道交通九号线一期(高滩岩—兴科大道)工程新桥站—高滩岩站区间位于重庆市沙坪坝区,线路从新桥站引出,往东北方向先后穿越内环快速路、高滩岩河沟、西南医院家属区后,到达高滩岩车站。区间右线起讫里程 YDK0+233.217~YDK1+910.014,右线全长 1 676.797 m,区间左线起讫里程 ZDK0+233.217~ZDK1+910.014,左线全长 1 663.111 m。区间采用钻爆法施工(部分范围非爆),小里程端车站为新桥站,大里程端车站为高滩岩站,均采用暗挖法施工。受线路纵坡和地形起伏影响,本区间埋深变化较大。

本区间地面建(构)筑物较多,区间先后有沙坪坝区福利院、第三军医大学警勤汽车队、西南医院家属区等建(构)筑物。

1.5 依托工程风险识别

重庆轨道交通九号线一期工程高滩岩—天梨路站区间(高—天区间)、新桥站—高滩岩站区间(新—高区间)穿越很多建构筑物,埋深较浅,采用钻爆法施工。

①下穿陆军军医大学是本工程的难点。高—天区间上覆建筑物有陆军军医大学学生食堂、学生公寓、门诊部及军械库等重要设施,涉及军方设施,对接协调难度大,沉降控制及施工影响控制要求高,具体见表1.1。

表 1.1　沿线下穿陆军军医大学重要建筑简况一览表

建筑名称	位置	层数	地下室层数	室内(地下室)地坪标高/m	基底标高/m	基础形式	基底至顶中风化岩石厚度/m(最小垂距)
双拥大道人防工程	YDK0+687~YDK0+700	—	−1	272.75	270	独立柱基	22.9
陆军军医大学安居工程70栋	YDK0+721~YDK0+735	9	—	283.40	277~280	桩基	29.9
陆军军医大学安居工程71栋	YDK0+749~YDK0+762	8	—	287.80	286	扩展基础	30.7
陆军军医大学安居工程73栋	YDK0+784~YDK0+795	8	—	288.60	284~285	条基	32.5
名京雅苑	YDK0+810~YDK0+845	19	−1	277.78	274~275	独基	28.6

续表

建筑名称	位置	层数	地下室层数	室内（地下室）地坪标高/m	基底标高/m	基础形式	基底至顶中风化岩石厚度/m（最小垂距）
职工干休所附属新建工程	YDK0+839~YDK0+894	3	—	292.43	285~286	独基	40.5
陆军军医大学118宿舍	YDK0+906~YDK0+916	6	—	289.37	284~286	桩基	37.2
陆军军医大学117宿舍	YDK0+934~YDK0+941	6	—	289.37	277~283	桩基	36.9
陆军军医大学112宿舍	YDK0+956~YDK0+980	10	—	280.52	275~277	条基	29.9
陆军军医大学99宿舍	YDK0+985~YDK1+007	12	—	293.60	284~288	桩基	42.6
陆军军医大学102宿舍	YDK1+045~YDK1+059	18	1	287.70	274~279	桩基	35.1
陆军军医大学101宿舍	ZDK1+042~ZDK1+055	18	1	287.70	275~279	桩基	36.1

②新—高区间隧道上方为高滩岩正街，人、车流量大，老旧建筑物密集，因此控制地表沉降，做好地面建筑物的保护及噪声控制工作为本工程施工的重点。

③新—高区间下穿重庆斯凯加气站、襄渝铁路小梨线路基、内环快速路路基和高滩岩加油站等建（构）筑物，埋深20~38.7 m。

④新—高区间下穿高滩岩河沟，该段地质为砂岩与砂质泥岩互层，围岩等级为Ⅳ级，距离沟心最小距离为9.5 m，中风化岩层厚度最小为2.7 m，为浅埋隧道。

⑤区间隧道爆破施工期间,将对周边居民带来部分不可避免的干扰及房屋震动,如何做好外部环境维稳工作是影响工程顺利开展的重要因素之一,各关键风险点风险等级见表1.2。

表1.2　风险源统计表

序号	工程名称	位置、范围	风险基本状况描述	风险等级	工程措施
1	斯凯加气站	YDK0+450~YDK0+530	单洞单线区间下穿重庆斯凯加气站,该段地质为砂岩与砂质泥岩互层,围岩等级为Ⅳ级,竖向距离38.7 m,约5.5倍开挖洞径,为深埋隧道	三级	采用台阶法开挖,正穿范围上台阶采取机械开挖,下台阶及邻近范围严格控制爆破振速,加强监控量测
2	小梨线	YDK0+610~YDK0+620	单洞单线区间下穿襄渝铁路小梨线路基,该段地质为砂岩与砂质泥岩互层,围岩等级为Ⅳ级,竖向距离33.4 m,约4.8倍开挖洞径,为深埋隧道	三级	采用台阶法开挖,正穿范围采取机械开挖,邻近范围严格控制爆破振速,加强监控量测
3	内环快速路	YDK0+620~YDK0+700	单洞单线区间下穿内环快速路路基,该段地质为砂岩与砂质泥岩互层,围岩等级为Ⅳ级,竖向距离30.4 m,约4.3倍开挖洞径,为深埋隧道	三级	采用台阶法开挖,正穿范围上台阶采取机械开挖,下台阶及邻近范围严格控制爆破振速,加强监控量测
4	高滩岩河沟	YDK0+970.173~YDK1+013.000	单洞单线区间下穿高滩岩河沟,该段地质为砂岩与砂质泥岩互层,围岩等级为Ⅳ级,距离沟心最小距离9.5 m,中风化岩层厚度最小为2.7 m,为浅埋隧道	三级	采用台阶法开挖,加强初期支护,中风化岩层厚度小于5 m范围采取小导管超前支护,严格控制爆破振速,加强监控量测

续表

序号	工程名称	位置、范围	风险基本状况描述	风险等级	工程措施
5	高滩岩加油站	YDK1+020~ YDK1+040	区间单洞单线断面下旁穿高滩岩加油站,该段地质为砂岩与砂质泥岩互层,围岩等级为Ⅳ级,竖向距离 20 m,水平距离最小约12 m,为深埋隧道	四级	采用台阶法开挖,邻近范围上台阶采取机械开挖,下台阶严格控制爆破振速,加强监控量测

施工应根据工程特点、工程地质及水文地质条件、环境情况,在确保安全、经济合理、技术先进的前提下,编制科学、合理的施工组织方案。并充分利用现场监控量测信息指导施工,严格控制施工程序,不得任意省略。

暗挖隧道施工的基本原则:施工应采用光面爆破,尽量少扰动围岩,短进尺、尽快施作初期支护、并使每步断面及早封闭,采用信息化施工,勤量测并及时反馈信息以指导施工。严格遵循"短进尺、弱爆破、早封闭、勤测量"十二字原则。

根据施工风险识别结果,施工方采取的对策主要有:

①工程施工前对区间周边房屋进行安全评估,做好入户调查。

②加强周边房屋监测,根据监测数据调整开挖工序,做到信息化施工。

③严格控制爆破震速,并合理安排爆破开挖时段,优化爆破方案,把对周边群众的影响降到最低。

1.6 本章小结

本章介绍了超近接敏感建筑物暗挖隧道施工风险识别与控制的研究意义、现状及研究内容,结合依托工程,对地铁区间隧道超近接建筑物施工过程的风险进行了识别,提出了施工采取的主要对策,为后续研究提供了基础。

第2章 超近接建筑物变形控制原理

　　近三十多年来,地下空间开发极为迅速,但因地下工程施工引发事故的频率也越来越高,地下工程的风险评估和风险控制也越来越引起学者们的关注。如厦门市机场路浅埋暗挖隧道施工,穿越地表建筑物密集区域,施工现场调查发现,受地下隧道施工影响的房屋约67栋,其中34#建筑物位于隧道正上方,出现屋面板混凝土保护层严重脱落,钢筋外露遭锈蚀情况严重。如何将风险分析、评估以及管理的相关理论运用到地下工程中已迫在眉睫。作为城市市政地下工程发展中的重要一环,城市地下隧道开挖穿越软土层必将引发周边地表的沉降,而建于隧道周边的地表建筑物必然会因隧道开挖引发的土体沉降而产生挠曲、扭转,甚至是破坏等各种形式的变形。隧道开挖所诱发的地表建筑物风险将成为隧道建设所引发环境问题的重点讨论对象。对于城市浅埋暗挖隧道邻近地表建筑物进行风险评价也是对地表建筑物进行风险管理一种方法。

2.1 隧道开挖诱发建筑物损伤模型

本书从微观向宏观递进的角度研究了城市地下隧道开挖对邻近地表建筑物产生的影响,具体包括以下方面:

①地下隧道开挖影响区与影响指数的划分。

②在相应的开挖影响区内的地表建筑物受开挖影响所产生的极限应变状态。

③隧道开挖诱发地表沉降预测模型。

④隧道开挖诱发地表建筑物损伤模型。

如图 2.1 所示,浅埋暗挖隧道诱发地表沉降计算模型,本书中假设隧道断面周围是一个半无限弹性空间,Verruijt 和 Booker(1996)提出了在均匀弹性半无限空间不可压缩的土体内的隧道开挖诱发地表沉降的闭合解析解。解析解主

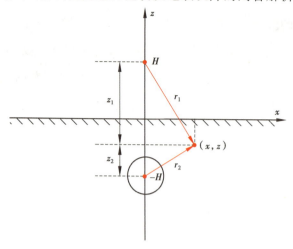

图 2.1　弹性奇异解原理图

要由 3 部分构成,如图 2.2 所示,包括在 $x=0,z=H$ 和 $x=0,z=-H$ 处基于弹性理论的奇异解,由于上述两个解的对称性,可知 $z=0$ 处的剪切应变和竖向沉降为 0。然而两处的法向应力由于叠加的原因却不为 0。为了满足在地表处的法向应力为 0 这一边界条件,需要为平衡边界条件即地表法向应力归 0。

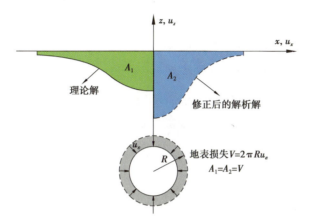

图 2.2　修正后的解析解与原理论解的沉降结果对比

短时间看来,隧道衬砌长期所形成的椭圆变形可以忽略不计。因此,Verruijt 和 Booker 所提出的弹性解为

$$u_x = - \varepsilon R^2 x \left(\frac{1}{r_1^2} + \frac{1}{r_2^2} \right) - \frac{2\varepsilon R^2 x}{m} \left(\frac{1}{r_2^2} + \frac{2mzz_2}{r_2^4} \right) \qquad [2.1(\text{a})]$$

$$u_z = - \varepsilon R^2 \left(\frac{z_1}{r_1^2} + \frac{z_2}{r_2^2} \right) + \frac{2\varepsilon R^2}{m} \left(\frac{(m+1)z_2}{r_2^2} + \frac{mz(x^2 - z_2^2)}{r_2^4} \right) \qquad [2.1(\text{b})]$$

其中 $\varepsilon = u_\varepsilon / R$ 表示与隧道均匀径向位移相关的地表损失参数,R 和 H 为隧道半径和埋深。且 $z_1 = -z-H, z_2 = -z+H, r_1^2 = x^2 + z_1^2, r_2 = x^2 + z_2^2, m = 1/(1-2\nu)$,其中 ν 为土体泊松比。

由于隧道径向均匀收缩所诱发的地表变形,地表 $z=0$ 处的竖向位移为:将 $z=0$ 代入公式 $[2.1(\text{b})]$ 得

$$u_0 = - 2\varepsilon R^2 \frac{m+1}{m} \frac{H}{x^2 + H^2} \qquad (2.2)$$

可以发现,在实际工程中,由于许多地质因数的综合影响,加之隧道衬砌的径向均匀收缩所诱发的地表沉降并非如此。为了满足实际工程情况,本书提出以下修正公式:

$$u_0' = -2\lambda_1 \varepsilon R^2 \frac{m+1}{m} \frac{H}{(\lambda_2 x)^2 + H^2} \tag{2.3}$$

式中　λ_1——最大沉降值的修正参数;

　　　λ_2——沉降槽宽度的修正参数。

假设土体不可压缩,土体的泊松比 ν 取 0.5,且 $(m+1)/m=1$,由于隧道开挖,地层所损失的体积 $V = 2\pi R u_\varepsilon$,如图 2.2 所示。根据上述理论,对式(2.2)和式(2.3)两端同时在 $-\infty$ 到 $+\infty$ 上积分,有:

$$\int_{-\infty}^{+\infty} -2\varepsilon R^2 \frac{H}{x^2 + H^2}\mathrm{d}x = \int_{-\infty}^{+\infty} -2\lambda_1 \varepsilon R^2 \frac{H}{(\lambda_2 x)^2 + H^2}\mathrm{d}x \tag{2.4}$$

简化后可得:

$$\lambda_1 = \lambda_2 = \lambda \tag{2.5}$$

式(2.3)简化为:

$$u_0 = -2\lambda \varepsilon R^2 \frac{H}{(\lambda x)^2 + H^2} \tag{2.6}$$

接下来介绍在隧道动态开挖过程中,开挖所诱发的三维地表沉降的理论解。Sen(1950)、Mindlin 和 Cheng(1950)提出了基于土体内部空腔收缩理论;Sagaseta(1987)在其所提出的径向均匀收缩理论中,假设了土体在开挖过程中的损失体积为 $V = 2\pi R u_\varepsilon$,沿着隧道开挖的方向上 $-\infty < y < 0$;Pinto 和 Whittle (2014)提出了三维地表沉降场的理论解:

$$u_{x0} = -\frac{V}{\pi} \cdot \frac{(1-\nu)x}{x^2 + H^2} \cdot \frac{\sqrt{x^2 + y^2 + H^2} - y}{\sqrt{x^2 + y^2 + H^2}} \qquad [2.7(\text{a})]$$

$$u_{y0} = -\frac{V}{\pi} \cdot \frac{1-\nu}{\sqrt{x^2 + z^2 + H^2}} \qquad [2.7(\text{b})]$$

$$u_{z0} = -\frac{V}{\pi} \cdot \frac{(1-\nu)H}{x^2+H^2} \cdot \frac{\sqrt{x^2+y^2+H^2}-y}{\sqrt{x^2+y^2+H^2}} \qquad [2.7(\text{c})]$$

式中　y——本书中隧道的掘进方向。

地表竖向位移（u_{z0}），地下开挖产生的沉降槽与隧道掌子面的位置关系如图 2.3 所示，$y>0$ 表示未开挖区域，$y=0$ 表示隧道所在位置，$y<0$ 表示隧道开挖过后的区域。本书中，土体泊松比取 0.5，$y\to+\infty$，那么地表由于开挖所产生的竖向位移即沉降 u_{z0} 简化为

$$u_{z0}\Big|_{\substack{\nu=0.5 \\ y\to-\infty}} = -2u_{\varepsilon}R\frac{H}{x^2+H^2} \qquad (2.8)$$

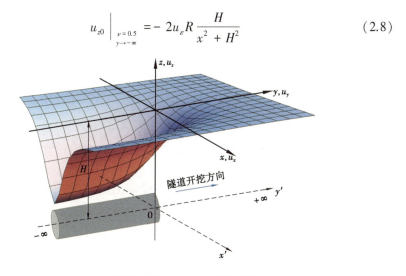

图 2.3　隧道掌子面与 3D 沉降槽位置关系

可以发现，当土体泊松比取 0.5 时，式（2.8）与式（2.2）相同，说明三维地表沉降公式是二维沉降公式的一种形态。因此，与二维状态下的地表沉降修正公式相关的三维修正公式为：

$$u_{z0}' = -\lambda u_{\varepsilon}R \cdot \frac{H}{(\lambda x)^2+H^2} \cdot \frac{\sqrt{(\lambda x)^2+(\lambda_3 y)^2+H^2}-\lambda_3 y}{\sqrt{(\lambda x)^2+(\lambda_3 y)^2+H^2}} \qquad (2.9)$$

式中　λ_3——y 轴方向上的沉降的修正系数。

与上述二维模型一样，如果不考虑土体压缩所产生地层损失，那么在隧道开挖过后的区域的地层损失与沉降槽的体积相等。因此，地表沉降槽的体积理

论计算公式如下:

$$\int_{-\infty}^{+\infty} \int_{-\infty}^{+\infty} -\lambda u_\varepsilon R \cdot \frac{H}{(\lambda x)^2 + H^2} \cdot \frac{\sqrt{(\lambda x)^2 + (\lambda_3 y)^2 + H^2} - \lambda_3 y}{\sqrt{(\lambda x)^2 + (\lambda_3 y)^2 + H^2}} \mathrm{d}x\mathrm{d}y$$

$$= \int_{-\infty}^{+\infty} \int_{-\infty}^{+\infty} -u_\varepsilon R \cdot \frac{H}{x^2 + H^2} \cdot \frac{\sqrt{x^2 + y^2 + H^2} - y}{\sqrt{x^2 + y^2 + H^2}} \mathrm{d}x\mathrm{d}y \quad (2.10)$$

推断出

$$\lambda_3 = 1 \quad (2.11)$$

将式(2.11)代入式(2.9)可以得到

$$u'_{z0} = -\lambda u_\varepsilon R \cdot \frac{H}{(\lambda x)^2 + H^2} \cdot \frac{\sqrt{(\lambda x)^2 + y^2 + H^2} - y}{\sqrt{(\lambda x)^2 + y^2 + H^2}} \quad (2.12)$$

令 $x=0$,则有沿着 y 方向的沉降表达式为

$$u'_{z0}\big|_{x=0} = -\frac{\lambda u_\varepsilon R}{H} \cdot \frac{\sqrt{y^2 + H^2} - y}{\sqrt{y^2 + H^2}} \quad (2.13)$$

图 2.4 是隧道中轴线方向上的地表沉降理论解公式和修正后的理论解的对比,可以发现,修正后 y 方向上的最大沉降值是原理论解的 λ 倍,同时在隧道的掌子面上,修正后的沉降值也是原理论沉降值的 λ 倍。然而,两种解的隧道掌子面上的地表沉降均为开挖后的最大地表沉降值的一半。

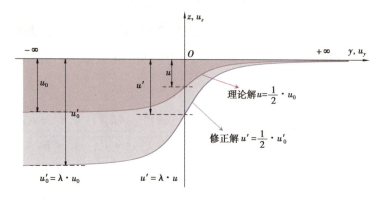

图 2.4 隧道轴线上理论解和修正解沉降值对比

2.2 基于等效平板法的地表建筑物损伤模型

在现有的建筑物变形研究中,大多数的建筑物损伤准则都是基于建筑物自重作用下经验公式;Burland 和 Wroth(1974)提出建筑物损伤的评价的理论解,建立了建筑物开裂条件与建筑物在自重作用下产生的平均拉伸应变,将地表建筑物看作线性的深梁,建筑物自身将在挠曲作用下产生下拱和上隆;通过结构分析得到了挠曲率与极限拉伸应变之间的关系。

本书利用等效平板法模拟地表建筑物在隧道开挖过程中所产生的变形,即将建筑物的墙体看作无重线弹性矩形平板,根据 Von Karman 的研究,基于位移场的非线性应变,即由建筑物挠曲所产生的最大弯曲应变和剪切应变的表达式如下:

$$\varepsilon_{b,\max}^{d} = \frac{\delta_2}{\delta_1} \frac{\Delta}{a} \qquad\qquad [2.14(a)]$$

$$\gamma_{b,\max}^{d} = \frac{\delta_3}{\delta_1} \frac{\Delta}{a} \qquad\qquad [2.14(b)]$$

其中,δ_1,δ_2 和 δ_3 是与建筑物平板模型尺寸相关的中间参数,其相应的计算式如下:

$$\delta_1 = \frac{4}{\pi^5} \left[1 + \frac{\pi^2}{10(1-v^2)} \frac{E}{G} \left(\frac{h}{a} \right)^2 \right] \left(1 - \frac{1}{\cosh \beta_1} \right) - \frac{b}{a} \frac{\tanh \beta_1}{\pi^4 \cosh \beta_1}$$

$$[2.15(a)]$$

$$\delta_2 = \frac{2}{\pi^3} \frac{h}{a} \left(1 + \frac{1}{3\cosh \beta_1} \right) + \frac{1}{30\pi(1-v^2)} \frac{E}{G} \left(\frac{h}{a} \right)^3 \left(1 - \frac{1}{3\cosh \beta_1} \right) +$$

$$\frac{h}{a} \frac{b}{a} \frac{\tanh \beta_1}{6\pi^2 \cosh \beta_1} \qquad\qquad [2.15(b)]$$

$$\delta_3 = \frac{1}{\pi^2(1-\upsilon)}\left(\frac{h}{a}\right)^2\left(1-\frac{1}{\cosh\beta_1}\right) \qquad [2.15(c)]$$

在 Withers、Geilen 和 Taylor(2001)所提出的理论中,当建筑物的中轴线斜交于隧道开挖中轴线时,建筑物会出现一定程度的扭转变形。为了研究建筑物受扭所产生的剪切应变和弯曲应变,给出如下公式:

$$\gamma_{\max}^t = \frac{8\theta h}{\pi^2} = \frac{8\varphi h}{\pi^2 a} \qquad (2.16)$$

$$\varepsilon_{b,\max}^t = -\frac{\theta^3 b^3}{24} = -\frac{\varphi^3}{24}\left(\frac{b}{a}\right)^3 \qquad (2.17)$$

其中,θ 是建筑物单位长度上所产生的扭转角,对于形为 $ABCD$ 矩形建筑物而言:

$$\theta = \frac{\dfrac{u_{z,D}-u_{z,A}}{l_{AD}}-\dfrac{u_{z,C}-u_{z,B}}{l_{BC}}}{l_{AB}} \qquad (2.18)$$

其中,$u_{z,A}$,$u_{z,B}$,$u_{z,C}$,$u_{z,D}$ 分别为矩形建筑物 4 个角点的竖向沉降值,l 是矩形建筑物的长和宽。

为计算地表建筑物的最大弯曲应变,本书将因建筑物受挠曲和扭转所产生的应变,以及水平拉伸应变进行叠加,所得如下式:

$$\varepsilon_{br} = \varepsilon_h + \varepsilon_{b,\max}^d + \varepsilon_{b,\max}^t \qquad (2.19)$$

建筑物在隧道开挖方向上所产生的斜拉应变计算公式如下:

$$\varepsilon_{dr} = \varepsilon_h\left(1+\frac{1-\upsilon}{2}\right) + \sqrt{\varepsilon_h^2\left(\frac{1+\upsilon}{2}\right)^2+(\gamma_{\max}^d+\gamma_{\max}^t)^2} \qquad (2.20)$$

2.3　地表建筑物的安全风险评估体系

为了解城市地下隧道邻近建筑物在施工前、施工过程以及开挖过后的工作状态,并为因施工产生的附加变形控制标准和施工技术方案的制订提供依据,在实际工程中更应对工程施工影响范围内的邻近建筑物进行施工前安全风险评估,准确判断建筑物结构的安全程度,及时治理不安全乃至危险建筑物,通过检测及分析,评估建筑物当前的工作状态和抵抗附加变形的能力;为制订由于隧道施工而产生的建筑物附加变形沉降、差异沉降、建筑物应变的极限控制值提供依据,在确保隧道施工安全的同时,确保建筑物的使用安全。

2.3.1　建筑物的损伤形式

对处于隧道施工影响范围内的建筑物,因为隧道的施工而导致地表建筑物损伤,大致可以分为 3 种形式:结构破坏、功能破坏和外观破坏。其中:

①地表建筑物结构损伤,是最严重的破坏形式。一旦地表建筑物的结构遭受损伤,其整体的稳定性和安全性就基本无法保障。结构损伤一般表现为建筑物结构体上出现裂缝或者整体或局部产生变形。

②地表建筑物功能损伤,是指建筑物整体结构保持稳定和安全,只是因为某些附属设施或者功能部件出现裂缝或者变形而影响了建筑物功能的使用。

③地表建筑物外观损伤,是指上述两者均保证了稳定性和安全性的情况下,其附属设施出现一定程度的轻微裂缝和形变。根据相关规范可以认为建筑物外观破坏的上限是砖混或素混凝土墙产生的裂缝 >1 mm。

2.3.2 地表建筑物安全风险评估的准则

风险分级包括风险发生概率等级和损伤等级,本书按照《铁路隧道风险评估指南》中的相关规定,对城市浅埋暗挖隧道施工风险概率等级和建筑物损伤等级进行了划分。

1)概率等级

根据损伤发生可能性程度将风险概率分为 5 级,见表 2.1。

表 2.1   风险概率等级

概率范围	中心值	等级描述	概率等级
>0.3	1	很可能	5
0.03~0.3	0.1	可能	4
0.003~0.03	0.01	偶然	3
0.000 3~0.003	0.001	不可能	2
<0.000 3	0.000 1	很不可能	1

2)风险损伤等级标准

浅埋暗挖隧道开挖必然对其开挖影响区内的建筑物造成影响,当其产生的影响超过建筑物结构的承受极限时则会造成结构的破坏,在此之前也会产生一些非致命的建筑物损伤。对于不同的工程特点,由于建筑物尺寸、隧道的埋深、与隧道的相对位置关系、隧道的开挖速度等条件都是不同的,隧道的施工对建筑物的安全风险也会产生明显的差别。根据隧道工程施工引发建筑物损伤风险因素,就不同风险等级的建筑物分别给出相应的控制指标(表 2.2)。

表 2.2　地表建筑物损伤等级与极限拉应变对应关系表

损伤等级	损伤严重性描述	极限拉应变	建筑物破坏现象描述
0,1	轻微的	0~0.05	建筑物没有变化,墙体有细微裂纹
2	较大的	0.05~0.075	墙身出现宽度<4 mm 的裂缝
3	严重的	0.075~0.15	墙体出现 4~15 mm 裂缝
4	很严重的	0.15~0.3	墙体出现 16~30 mm 裂缝
5	灾难性的	>0.3	墙体严重倾斜、开裂、有倒塌危险

3) 风险评价矩阵

根据不同的建筑物风险概率等级和建筑物损伤等级,建立损伤风险分级评价矩阵,见表 2.3。

表 2.3　风险分级评价矩阵

概率等级		损伤等级				
		几乎可以忽略	非常轻微	轻微	中等程度	严重或很严重
		1	2	3	4	5
很可能	5	高度	高度	极高	极高	极高
可能	4	中度	高度	高度	极高	极高
偶然	3	中度	中度	高度	高度	极高
不可能	2	低度	中度	中度	高度	高度
很不可能	1	低度	低度	中度	中度	高度

2.4 本章小结

　　从微观向宏观递进的角度研究了城市地下隧道开挖对邻近地表建筑物产生的影响,建立了基于等效平板法的地表建筑物损伤模型,提出了地表建筑物的安全风险评估体系。

第3章 暗挖施工对建筑物影响的室内模型试验研究

随着我国经济的迅猛增长,城镇化进程日益加快,城市可用土地紧张,轨道交通以其占用地面资源小、运能大、运行时间稳定等独有的优势,为解决城市与日俱增的地面交通拥堵问题提供了一个良好的解决方案。然而地铁线路的规划和设置一般位于城市化高度发展的地区、城市主干道沿线、地面建筑密集区域,因此越来越多的地铁线路需要近距离穿越(下穿、侧穿)各种建筑物及其地下结构,在地铁隧道沿线存在既有桩基的情况相对普遍,其中主要包括桥梁桩基、立交桩基、楼宇及其他建筑物桩基。地铁隧道施工将不可避免地造成隧道周围地层扰动,土体损失,地层原始地应力重新分布,地层应力及隧道周围土体变形将传递到邻近既有桩基,引起桩周土体变化;同时桩基的存在也将影响隧道周围地层在隧道施工下的运动和应力改变。研究桩基对隧道开挖导致地层变形规律、降低地铁及其他隧道工程施工、既有建筑(结构)的潜在影响有着巨大的意义。

3.1 试验原理和设备

隧道与邻近既有桩基的相互作用是通过隧道及桩间土的传递进行的,为了研究其具体作用方式及规律,我们需要观测隧道与桩间土的内部变形,透明土试验是目前研究内部变形比较成熟的常用试验方案,为了方便获取内部不同位置的变形,本试验装置的各个部分尽量采用高透明度的 PPMA(亚克力)制品。整个物理模型试验系统主要由 3 个部分组成,分别是模拟隧道开挖装置、模型箱和变形(位移)测量系统。试验中隧道开挖装置采用两个不同直径的圆形套筒相互套接来模拟隧道开挖过程中隧道的径向收缩,其中外管 PVC 外径 40 mm,内径 36 mm,内管外径 35 mm,内径 31 mm。在试验过程中通过抽取外侧套筒来模拟隧道的开挖,由隧道开挖引起的径向收缩为 5 mm。模型箱内部尺寸取:长×宽×高=280 mm×160 mm×220 mm,5 块面板均采用透明度极高的亚克力(PPMA)板,亚克力板厚度为 7 mm,并在前后面板预留直径为 40 mm 的圆形孔洞用以模拟隧道开挖,预留孔洞用低密度聚乙烯(LDPE)筒料密封。采用黑色不透明的桩端为平面状的亚克力棒用于模拟桩基,尺寸为外径 15 mm,长度 200 mm。变形测量系统主要分为硬件部分和软件部分,硬件部分主要包括位置控制系统、片光源激光器、高帧率 CCD 相机、图像采集设备和计算机等;软件部分主要为图像分析处理软件。

试验选用江苏省新沂市万和矿业有限公司生产的粒径范围为 0.5 ~ 1.0 mm 的熔融石英砂作为试验中透明土配置材料,将正十二烷与 15 #白油按体积比约为 1∶8 混合,并用玻璃棒不断搅拌,直至溶液充分混合均匀后用阿贝折射仪测定混合液折射率,根据混合液折射率高低微调两种液体比例,直至折射率达到 1.458 5,即与熔融石英砂颗粒的折射率相等;将熔融石英砂缓慢撒入混合液中,注意控制撒入速率和高度以使气泡尽可能少,不可避免的气泡可用玻璃棒慢慢挑出,保持液体水平面略高于透明土颗粒表面;可根据气泡多少及实际情况将混合透明土材料放置于真空箱中,抽真空,以去除透明土中的气泡,直到透明土试样透明为止。封上保鲜膜,使土颗粒充分固结以待后续试验使用。

3.2　试验图像处理及结果分析

根据研究目的,设计了试验分组(表 3.1)。

表 3.1　试验设计方案

参数　　　试验编号	埋深比 (隧道顶为原点) C/D/mm	桩基插入深度 (地表线原点)Z /mm	水平间距 D (隧道中心线原点) /mm
FB	1.5~60	−80	60
A1	1.5~60	−40	60
A2	1.5~60	−60	60
A3	1.5~60	−80	60
A4	1.5~60	−100	60
A5	1.5~60	−120	60

当试验数字图像采集完毕后,采用德国 DLR(德国航空航天中心)开发的 PIV 后处理软件 PIVview2C Demo 分析透明土模型目标观测面的变形位移场。它是目前处理速度最快、精度最高的 PIV 后处理软件之一,包含了 PIV(粒子图像测速技术)和 PTV(粒子图像跟踪技术)两种图像处理技术。

在隧道的开挖过程中,邻近既有桩基不同长度受到隧道开挖的影响不同,同时,隧道与桩基周围土体的变形也不同。在邻近既有桩基与隧道中心轴线水平高度距离一定的条件下,桩基长度影响着桩基的沉降和桩基侧向弯曲变形。本书通过相关数据和云图研究其作用方式,归纳出影响规律,以期为后续类似工程施工提供参考。

1)不同桩长下地层竖向位移

如图 3.1 所示为不同桩长下地层竖向位移云图。可以看出,土体的沉降区域主要位于隧道顶部,竖向位移的极值和地表沉降与桩基的插入深度基本无关,随着桩基入土深度的增加(即桩长的增加),主要沉降区域(竖向位移值较大区域)面积变小,而隧道开挖的影响区域面积及位置似乎不因桩长的变化而变化,推测是因桩基的存在遏制了隧道周围较近土体的大尺度沉降。

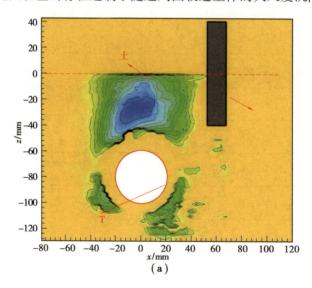

(a)

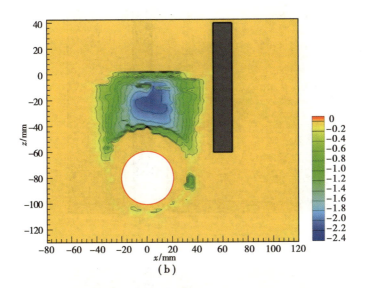

（b）

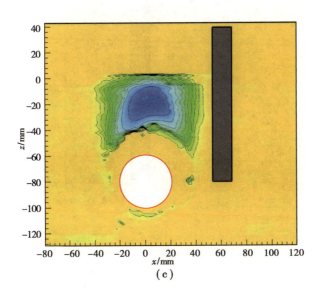

（c）

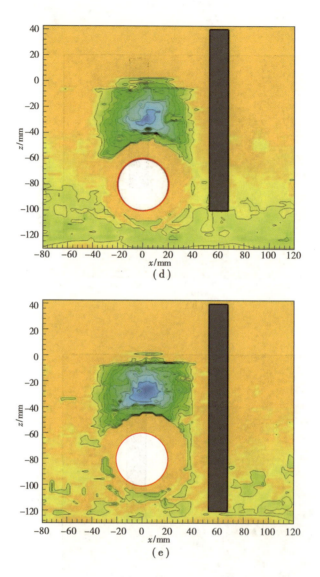

图 3.1 不同桩长下地层竖向位移云图

2) 不同桩长竖向变形影响区面积对比(变形区与较大变形区)

尽管受试验条件限制,隧道周围地层变形数据缺失,但是大部分变形数据的整合归纳对隧道—桩基相互作用规律的研究能具有极大的价值。如图 3.2 所示,变形区域指除位移缺失区域外发生竖向变形的区域,而主要变形区域指除了位移缺失区域中竖向变形大于 1 mm 以外的其他竖向位移不小于 1 mm 的区域。不同的桩基插入深度(桩长)下,发生竖向变形的区域面积随着桩长的增加呈现出减小的趋势,但是查看纵坐标后不难看出不同桩长下发生竖向变形的区域面积是相差不多的,说明桩长的变化没有影响到隧道开挖影响区的变化;然而对于发生较大竖向变形(≥1 mm)区域的面积,随着桩长的增加,区域面积先增大后减小,出现这种趋势的原因在于当桩端处于隧道拱顶之上时,桩身都处于隧道影响范围区域内,桩端几乎随着地层同步下沉;随着桩长的增加,此时只有部分桩身处于隧道影响范围区域内,桩端阻力几乎不受影响,桩基产生的竖向位移偏小,对隧道顶部土体的下沉趋势有一定的遏制,桩长越长,遏制趋势越强烈。

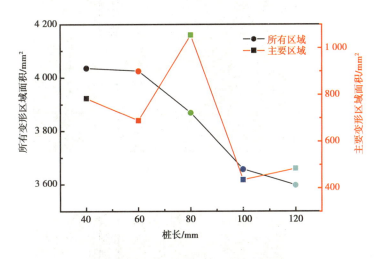

图 3.2　不同桩长下土体变形区域面积

3) 不同桩长侧向变形

不同桩长下隧道开挖,隧道周围土体的水平位移云图如图 3.3 所示。隧道开挖引起周围土体的水平变形区域主要集中位于隧道两侧较近区域,观察桩基与隧道的相对位置后不难得出如下规律:当桩端位于隧道中心线上方时,桩长越长发生水平变形的值也越小;当桩端位于隧道中心线以下时,随着桩长的增加,水平变形区域和值将增大。其中,A1 因模型箱反光等原因造成结果中隧道轴线下方地层出现了很大的侧向变形,对此需要忽略该变化。随着桩长的增长,桩基对隧道的相互作用越来越强烈,故而桩基与隧道之间的地层也会受到它们相互作用的影响而发生相应的水平变形。当桩长较小时,地层的水平变形主要是隧道开挖引起的,随着桩长的增加,桩基引起的地层附加应力将会增加,此时与隧道开挖引起的地层水平变形两者叠加作用,导致了地层水平变形先减小后增大的结果。

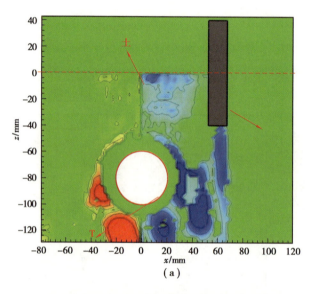

（a）

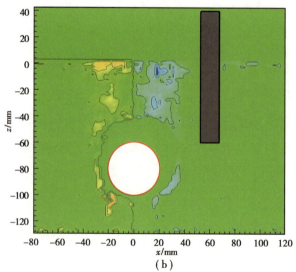

（b）

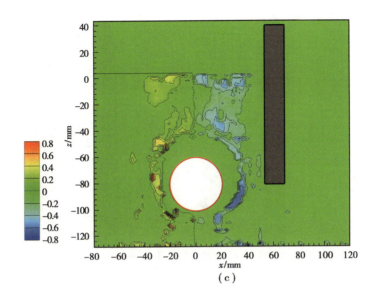

（c）

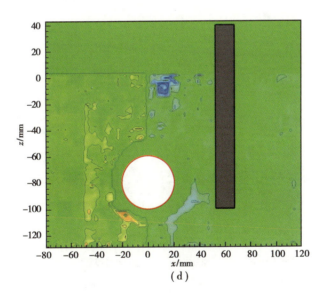

（d）

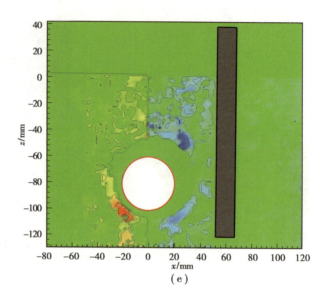

图 3.3　不同桩长的水平位移云图

4）不同桩长标记点位移

如图 3.4 所示为不同桩长下，地层中固定标记点的竖向位移和侧向位移。竖向位移标记点为 $X = 0$ mm，$Z = -20$ mm；侧向位移标记点为 $X = 30$ mm，$Z = -10$ mm。随着桩长的变化，隧道顶部地层土体竖向位移发生了先增大后减小的变化，观察桩基与隧道的相对位置后不难得出如下规律：当桩端位于隧道中心线上方时，桩长越长，竖向位移越大；当桩端位于隧道中心线以下时，随着桩长的增加，竖向位移变小。比较它们的竖向位移后发现差异率约为 15%，说明桩基的长短对隧道开挖引起的周边土体变形中的竖向位移影响还是比较大的，隧道顶部土体竖向位移的主要影响因素还有隧道埋深、土层参数和隧道开挖方式等。在隧道开挖引起周围土体的水平变形中，随着桩长的变化，隧道侧方地层土体侧向位移发生了先减小后增大的变化，观察桩基与隧道的相对位置后不难得出如下规律：当桩端位于隧道中心线上方时，桩长越长，水平位移越小；当桩端位于隧道中心线以下时，随着桩长的增加，水平位移变大。

由于试验条件限制，基于本次试验结果暂时无法得出桩基的沉降和弯曲变

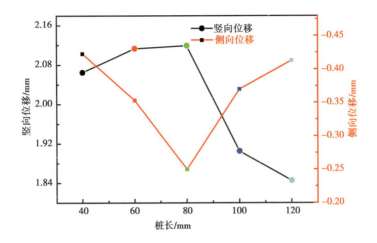

图 3.4　不同桩长下标记点土体位移

形,不同桩长情况下桩基的沉降和弯曲变形变化趋势将在后文数值模拟结果分析处阐述。

本书通过一个透明土物理模型试验,并采用基于 PIV 技术的土体内部断层三维变形量测系统监测变形,研究了不同桩基长度对隧道开挖导致地层变形的规律,研究结果表明:

①竖向位移的极值和地表沉降与桩基的插入深度基本无关,随着桩长的增加,主要沉降区域(竖向位移值较大区域)面积变小,而隧道开挖的影响区域面积及位置似乎不因桩长的变化而变化。

②桩长的变化没有影响隧道开挖影响区的变化,而较大竖向变形(≥1 mm)区域的面积,随着桩长的增加,区域面积先增大后减小。

③当桩端位于隧道中心线上方时,桩长越长发生水平变形的值也越小;当桩端位于隧道中心线以下时,随着桩长的增加,水平变形区域和值将增大。

④当桩端位于隧道中心线上方时,桩长越长,水平位移越小;当桩端位于隧道中心线以下时,随着桩长的增加,水平位移变大。

⑤随着桩基长度的增加,隧道开挖引起的隧道周围土体的变形区域先增大后减小,中长桩基的存在对隧道顶部土体竖向变形和水平变形均有遏制作用。

3.3 本章小结

通过隧道与邻近既有桩基相互作用的模型试验,采用德国 DLR 开发的 PIV 后处理软件 PIVview2C Demo 分析了透明土模型目标观测面的变形位移场,通过相关数据和云图研究其作用方式,并归纳出影响规律,为后续类似工程施工提供了参考。

第4章 爆破施工对建筑物影响的动力分析

峰值质点速度(PPV)是评价爆破引起的地面振动及其对邻近地区的破坏最常用的参数之一。为了预防和控制聚苯乙炔(PPA)的危害,在进行爆破作业前,应预测和控制聚苯乙炔(PPA)的用量。本书采用模糊Delphi方法(FDM)对爆破环境问题的结果进行分析,找出对PPV影响最大的关键变量。在此基础上,选取了预测PPV最有效的参数,并将其应用于基于遗传算法(GA-ANN)、粒子群优化(PSO-ANN)、帝国主义竞争算法(ICA-ANN)、人工蜂群(ABC-ANN)和萤火虫算法(FA-ANN)的混合神经网络模型中。根据GA、PSO、ICA、ABC和FA优化技术中最有影响的参数,建立了多种基于混合神经网络的预测模型,并提出了5种基于混合神经网络的预测模型。通过简单的排序技术,选出了最优的混合模型。结果表明,与其他已实现的混合预测模型相比,FA-ANN模型能够提供更高的预测精度。对GA-ANN、PSO-ANN、ICA-ANN、ABC-ANN和FA-ANN的训练和测试数据集分别得到(0.883 1、0.899 5、0.904 3、0.909 5和0.913 3)和(0.865 7、0.874 9、0.885 0、0.909 4和0.909 7)的确定系数(R^2)结果。结果表明,所有的混合模型都可以用来解决PPV问题,但是当需要最高的预测性能时,混合FA-ANN模型将是最佳的选择。

4.1 爆破施工对建筑物影响的动力预测模型

4.1.1 人工神经网络法(ANN)

一般来说,人工神经网络(ANNs)提供了一个生物启发的计算模型,能够在逻辑推理中模拟人脑的机制。人工神经网络通过发现输入输出变量之间的多方面关系,可以对一个或多个输出进行建模。ANN 模型通常由 3 个主要部分组成:激活函数、连接模式和学习规则。根据现有的问题类型,通过调整网络的权重来确定组件,以训练网络。多层感知器(MLP)是一种常用的前向神经网络(FFNN),它包括源节点的输入层、输出层以及处理神经元的至少一个隐藏层。这些层以连续的顺序连接在一起;最后两层包括至少一个带有数学运算符的神经元。在 FFNN 中,输入信号从输入层移动到输出层,在输入层和输出层之间有几个隐藏层。首先,隐藏的神经元处理流动的信号,以指定输入模式的基本特征。之后,将指定的特征发送到输出神经元,以提取输出模式。

近几十年来,为了提高 MLP 网络的学习能力,各种学习技术被引入文献中。反向传播(BP)是一种高效的基于梯度下降的方法,对该领域的研究人员显示出了最高的吸引力。在 BP 算法的每个阶段,通过在连续层的计算节点之间交换输入信号,产生单一的输出。馈送到每个节点的净加权输入 net_j 使用公式 4.1 计算:

$$net_j = \sum_{i=1}^{n} x_i w_i^{-\theta} \tag{4.1}$$

式中　n——输入的数目；

　　　w_i, x_i——分别表示第 i 节点的权重和输入信号，并且表示了应用于节点的阈值。

激活函数(例如阶跃、乙状结肠或线性函数)用于传递该网络输入。从技术角度看，这种程序称为培训程序。然后，为了计算输出误差，在预测输出和实际输出之间进行比较。在最后一步(即后向通过步骤)中，通过网络，将产生的误差返回，目的是微调各个权重。使用适当的统计函数，即 RMSE 来评估每个训练阶段的网络性能。权重将迭代更新，直至 RMSE 降低到预定义值以下。值得注意的是，数据集的数量不足可能导致神经网络模型的训练过程过度拟合。

4.1.2　萤火虫算法

萤火虫算法(FA)模仿萤火虫在社交环境中的行为。这些昆虫明显地利用它们天生的生物发光来释放不同闪烁模式的光。它们这样做是为了交流、寻找猎物、寻找配偶。几位研究人员发现萤火虫的闪光特性是理想化的，以便发展出它们行为的数学形式。为了更容易理解，以下仅列出 3 条公认的 FA 规则：

①所有萤火虫的性别都是相同的，因此，萤火虫可能会被其他萤火虫所吸引，而不论其性别。

②萤火虫的亮度是其吸引人的关键特性。也就是说，当两个萤火虫的亮度不在同一水平时，越亮的萤火虫吸引亮度较低的昆虫。当两个萤火虫之间的距离增加时，亮度降低。最亮的萤火虫有权在空间内随机移动。

③萤火虫的亮度与成本函数的分析形状有关。需要在亮度和成本函数值之间设置一个直接关系，以便使问题最大化。其他形式的亮度定义类似于遗传算法中的适应度函数。简而言之，图 4.1 给出了萤火虫算法最重要阶段的伪代码和与这些步骤对应的 3 个规则。

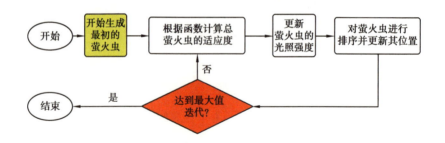

图 4.1　FA 优化算法流程图

FA 和细菌觅食算法(BFA)在一些概念方面是相似的,但同时,它们有一些基本的区别。首先,细菌在 BFA 中的适应度和距离对它们之间的吸引力有显著影响,而在 FA 中,成本函数和衰减以及萤火虫之间的距离对萤火虫的吸引力有显著影响。第二,FA 中的个体具有可适应的亮度和更高的灵活性,这与它们不同的吸引力有关;这些特性使它们更容易移动,能够以更高的效率发现搜索空间。第三,FA 有两个极限情况,它们的优点可以相互结合,使算法得到微调,从而改进在解空间内的搜索。

FA 涉及两个重要问题:光强度变化和吸引力的形成。为简便,假设萤火虫的亮度适用于确定其吸引力水平,而吸引力水平又与编码的目标函数相关。另一方面,萤火虫的吸引力与光照强度呈间接关系;吸引力随距离光源距离的增加而降低。光强度和吸引力的变化应该是单调递减函数。在大多数应用中,为了近似平方反比定律和吸收的组合效应,采用以下高斯形式:

$$I(r) = I_0 e^{-\gamma r^2} \tag{4.2}$$

其中,光吸收系数 γ 可以假定为一个常数。萤火虫的吸引力 β 可以用下面的方程式来测量,因为萤火虫的吸引力与邻近萤火虫可观察到的光强度直接相关。

$$\beta(r) = \beta_0 e^{-\gamma r^2} \tag{4.3}$$

其中,β_0 为 $r=0$ 时的特征值。特征距离定义为 $\Gamma = \dfrac{1}{\sqrt{\gamma}}$,用以描述 β_0 与 $\beta_0 e^{-\gamma r^2}$ 之

间的取值。坐标 $r_{ij}=\|X_i-X_j\|$ 表示任意两个萤火虫之间的距离。萤火虫 i 的运动被另一个更吸引人的(更亮的)萤火虫 j 吸引可通过式(4.4)表达：

$$\Delta X_i = \beta_0 \mathrm{e}^{-\gamma r^2}(X_j^t - X_i^t) + \alpha \varepsilon_i,\ X_i^{t+1} = X_i^t + \Delta X \qquad (4.4)$$

这里的第一个方程与吸引有关,而第二个方程实际上是带有 α 的随机化方程。ε_i 表示从高斯分布获得的随机数向量。值得注意的是,第二任期可以通过税收分配的方式加以改进。步骤大小的值随机获得,如下所示：

$$L(s) = A_s^{-1-q},\ A = q\varGamma(q)\sin\left(\frac{\pi q}{2}\right)/\pi \qquad (4.5)$$

式中　$\varGamma(q)$——伽马函数；

　　　q——分布指数(在本研究中设置为 $q=3/2$)。

从实现的观点出发,用 $\alpha L(s)$ 代替最后一个短语,用公式 4.4 求出解。对于大多数问题,$\alpha=0.01$ 的固定值是适用的,而对于所有的模拟,$q=1.5$ 的短语是可以使用的。为了通过等式(4.5)获得适当的随机步长 $L(s)$,可以使用标准变换方法和通常用于产生伪随机数的其他技术。0.1 的值被设置为最小步长,因为 4 的值被认为是大步长可接受有效性的唯一值。在模拟过程中,采用标准高斯分布 $N(0,0.1)$ 。所产生的大小被设置为对称,以便可以同时取正值和负值。方程(4.4)表明,存在两种极限情况,分别伴随着 γ 的小值和大值。当 γ 接近零值时,亮度和吸引力的两个值保持不变。因此,所有其他的萤火虫都允许看到萤火虫,这被认为是一个独特的例子。相反,当 γ 增大时,亮度和吸引力显著降低。这种情况使萤火虫近视,换句话说,昆虫在雾天飞行。这意味着所有的萤火虫都以随机的方式移动,这与随机搜索方法密切相关。一般来说,上述极限情况有助于微调萤火虫算法,使其能够显示出比 PSO 和随机搜索更高质量的性能。这确实可以通过对全局和局部最优的有效搜索来实现。在接下来讨论实现的部分中,我们将更详细地解释这一好处并将其付诸实施。FA 在执行其活动时的另一个优点是不依赖于彼此,因此对并行实现具有很高的适用性。萤火虫通常会在每个最佳值附近进行更紧密的聚集,因此,与 PSO 和 GA 相比,该算法可以有更好的性能。在并行实现中,不同子区域之间的交互程度最低。

4.2 预测结果

在使用 FA 时,用户需要确定一些在不同程度上显著影响收敛行为的内部参数。初始解是大多数基于种群的随机算法首先需要的参数。在初始溶液的生产过程中,需要考虑各种范围,以确保优化后的溶液对初始溶液没有任何敏感性。为了实现这一目标,本研究采用了两种方法:①初始解样本的均匀分布,以避免搜索空间中任何区域的偏差;②每只萤火虫的产生方式,使它能与其他萤火虫有最远的距离,以便它们能更有效地发现搜索空间。对每个初始种群应用优化过程,并进行 100 次迭代。结果表明,初始猜测对优化结果有较大影响,其结果是通过相应的标准差和成本函数均值等统计方法建立的。与那些只依赖于大量优化的方法相比,这种方法显示出更高的效率。为了获得更高精度的结果,在检验吸引力和数量两个参数的影响时使用了严格的敏感性分析。分析证实,如果将总体规模(n)设置为 5 到 50 之间的值,在一般应用情况下,可以获得理想的结果;但是,在复杂度较高的问题上,需要在一定程度上提高。在几乎所有的问题中,总共有 50 只萤火虫就足够了;更多的萤火虫数量可能会导致计算时间显著增加。

此外,将优化过程应用于各组合的内部参数 100 次,得到了具有统计意义的结果。结果表明,最佳解与初始参数值无关,但在最差解和标准差的情况下,没有观察到这种状态;它们显示出与这些参数的微小依赖性。这种效果可以对元启发式算法的随机性造成影响。为了尽可能减少这种依赖的重要性,需要进行一些优化。决定吸引度变化的 γ 参数,有意义地影响了萤火虫算法的收敛速度和一般行为。γ 参数理论上可以从零变为无穷大,因此,这个参数的值完全取决于系统的 γ 长度。实际上,在大多数问题中,该值的范围是 0.01 到 100。初步研究结果表明,当 $\gamma = 1/\sqrt{L}$ 时,可获得最有效的预测结果:其中 L 代表典型设计变量的长度。由于我们得出的结论是,吸引力初值对优化结果没有显著影响,因此 β_0 参数被固定在常数 1 处。

萤火虫算法基本上有一个有效的公式,不过,有时它可能会显示出波动行为,需要在优化设计中加以考虑。为了降低此类行为发生的概率,必须通过使用几何级数缩减来减少随机化参数值(α),以与模拟退火的冷却过程平行进行。

然而,随机化参数 α 与每个设计变量的实际规模相关,因为对于不同的问题可以确定不同的规模,甚至对于一个问题,也可以确定不同的变量。当它发生时,用 α-sk 代替 α 是一个好主意,其中标度参数 $sk(k=1,\cdots)$。在 d 维中,需要通过问题的实际规模来计算。

我们利用所提出的神经网络模型,建立了 8 个神经元的 FA-ANN 模型。尝试使用萤火虫算法确定适当的权重,然后在搜索空间内进行优化。更多的萤火虫自然能够覆盖更广阔的搜索空间。一旦错误数达到最小级别,进程即终止。在完成选择之后,除非网络权重得到更好的结果,否则值保持不变。在本研究所考虑的不同模型中,考虑了 600 次迭代和不同数量的萤火虫(在 5 到 40 之间),具体如图 4.2 所示。

当萤火虫数量设为 30 只且差异最小时,得到并使用最合适的模式。在此条件下,将最优蜜蜂数应用于分析计算时间的最小化。最佳模型为 6 号模型,训练和测试的 R^2 分别为0.913 3和0.909 7。

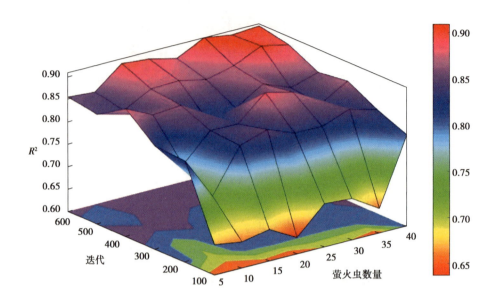

图 4.2　300 次重复和不同人口数量的 RMSE 变化

不同萤火虫数量的 SF 估计见表 4.1。

表 4.1　不同萤火虫数量的 SF 估计

Model No.	Bees No.	Network Result				Ranking				Total Rank
		TR		TS		TR		TS		
		R^2	RMSE	R^2	RMSE	R^2	RMSE	R^2	RMSE	
1	5	0.854 2	0.356 9	0.861 3	0.357 8	2	2	1	1	6
2	10	0.850 2	0.360 9	0.868 9	0.341 9	1	1	2	2	6
3	15	0.898 1	0.312 6	0.885 2	0.337 9	4	5	3	3	15
4	20	0.893	0.317 1	0.905 1	0.299 5	5	4	7	7	23
5	25	0.878 6	0.346 9	0.895 7	0.308 1	3	3	4	4	14
6	30	0.913 3	0.271 2	0.909 7	0.288 4	8	8	8	8	32
7	35	0.899 9	0.303 9	0.904 9	0.294 1	6	6	6	6	24
8	40	0.904 6	0.289 1	0.896 6	0.303 7	7	7	5	5	24

4.3 本章小结

根据专家意见,采用模糊 Delphi 方法(FDM)对爆破环境问题的结果进行分析,找出对 PPV 影响最大的关键变量。根据 GA、PSO、ICA、ABC 和 FA 优化技术中最有影响的参数,建立了多种基于混合神经网络的预测模型,并提出了 5 种基于混合神经网络的预测模型。

第 5 章　超近接暗挖施工关键技术参数优化

　　目前,交通隧道在爆破施工中超欠挖现象非常普遍。一方面,超欠挖现象对洞室岩体自身结构稳定性造成了极为不利影响。另一方面,交通隧道掘进的超欠挖必然影响现场施工。当光爆层较薄时,周边眼孔与孔之间未形成光面贯穿裂纹之前,就产生爆破裂口,并在围岩内部形成龟裂面,从而也会形成超欠挖现象。

　　现有隧道周边眼装药结构多采用不耦合装药结构形式,而药卷直径一般小于炮孔直径,这样药卷在自身重力的作用下必然偏向于炮孔一侧,这样就形成了偏心不耦合装药结构形式,也称不对心装药形式。

　　国内学者在偏心不耦合装药爆破作用方面开展了一些研究。魏有志从理论方对偏心不耦合装药结构进行了计算分析,最终得出裂纹首先产生在炸药和孔壁接触点处,并且对其他点的起裂起到了抑制作用。王胜等推导了偏心不耦合装药计算公式,并将计算结果与实际工程应用做了对比,最终验证了偏心不耦合计算公式是合理的。喻智等对水介质偏心不耦合装药爆破特性进行了研究,最终得到了最优装药位置计算公式。蒲传金等通过水泥砂浆模型试验,对偏心不耦合装药试验和同心装药试验进行了对比研究,结果表明,偏心不耦合装药在炮孔围岩上形成初始偏心应力场。张建华利用全息动光弹试验方法研究了偏心不耦合装药结构的爆炸应力场分布规律,结果表明装药结构对炮孔应力场的影响非常大。张志呈等对偏心不耦合装药光面爆破进行了现场试验,结果表明装药侧炮孔初始压力值是远离装药侧的 5~10 倍。

在国外研究方面,A.H.哈努卡耶夫指出岩体的不均性、各向同性、自身的缺陷、节理和断层等都对岩石的爆破性能产生了极大影响。之后,Fourney 等也对偏心不耦合装药进行了进一步研究。但是这些研究都假定炮孔围岩均匀、各项同性,未考虑围岩的不均性以及围岩的初始损伤和爆破造成的围岩损伤影响,同时也未考虑炮孔不耦合介质的影响。

5.1　周边眼偏心不耦合装药计算模型

图 5.1 中,O 是炮孔几何中心;O_1 是药卷几何中心;r_0 是炮孔半径;r_s 是药卷中心到炮孔壁的直线距离;r_{cs} 是炸药卷半径。从图中可以发现:偏心不耦合装药结构主要影响因数为炮孔半径 r_0、药卷半径 r_{cs} 和不耦合介质种类。

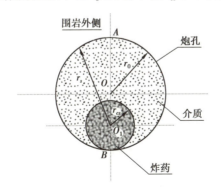

图 5.1　偏心不耦合装药计算简图

由图 5.1 可知,可以根据同心不耦合装药爆破时的孔壁压力值计算公式进

行计算,公式如下:

$$P_H = \frac{\rho_e D^2}{8} \times \left(\frac{r_0}{r_{cs}} \right)^{-k} \tag{5.1}$$

式中　P_H——围岩初始入射压力峰值;

　　k——与不耦合介质有关的参数,空气为6,水为0.72。

依据同心不耦合装药爆破时的孔壁压力值计算公式可得到偏心不耦合炮孔内部任意点的炮孔内压力值。由式(5.1)可以得到:

$$P_{cs} = P_H \cdot \left[\frac{r_{cs}}{r_s} \right]^k = \begin{cases} P_H \cdot \left[\dfrac{r_{cs}}{r_s} \right]^{0.72} & (\text{水}) \\[3mm] P_H \cdot \left[\dfrac{r_{cs}}{r_s} \right]^{6} & (\text{空气}) \end{cases} \tag{5.2}$$

$$r_s = \sqrt{r_0^2 + (r_0 - r_{cs})^2 - 2 \cdot r_0 \cdot (r_0 - r_{cs}) \cdot \cos(\pi - \theta)} \tag{5.3}$$

联立式(5.2)和式(5.3),得:

$$P_{cs} = P_H \cdot \left[\frac{r_{cs}}{r_s} \right]^k$$

$$\begin{cases} = \dfrac{\rho_e D^2}{2 \cdot (\kappa + 1)} \cdot \\[3mm] \quad \left[\dfrac{r_{cs}}{\sqrt{r_0^2 + (r_0 - r_{cs})^2 - 2 \cdot r_0 \cdot (r_0 - r_{cs}) \cdot \cos(\pi - \theta)}} \right]^{0.72} \quad (\text{水}) \\[6mm] = \dfrac{\rho_e D^2}{2 \cdot (\kappa + 1)} \cdot \\[3mm] \quad \left[\dfrac{r_{cs}}{\sqrt{r_0^2 + (r_0 - r_{cs})^2 - 2 \cdot r_0 \cdot (r_0 - r_{cs}) \cdot \cos(\pi - \theta)}} \right]^{6} \quad (\text{空气}) \end{cases} \tag{5.4}$$

式中　P_{cs}——偏心不耦合装药炮孔初始围岩入射压力。

对于炮孔围岩入射压力的分布可以通过以下方法进行计算:

$$P_b = n \cdot P_{cs} \tag{5.5}$$

式中　P_b——围岩初始透射压力值；

　　　n——动力增大系数，一般取为 $8\sim11$。

爆炸应力波径向应力幅值和环向应力幅值的变化规律：

$$(\sigma_r)_{\max} = p_d(0.5d/r)^\alpha + \sigma_{r0}(r) \tag{5.6}$$

$$(\sigma_\theta)_{\max} = -p_d b(0.5d/r)^\alpha + \sigma_{\theta 0}(r) \tag{5.7}$$

$$b = \widehat{b} = \begin{cases} -1 & (\text{冲击波作用区}) \\ \dfrac{0.8\mu_s}{1-0.8\mu_s} & (\text{非冲击波作用区}) \end{cases} \tag{5.8}$$

$$\alpha = \begin{cases} 3 & (\text{冲击波作用区}) \\ (1-D_0)^{0.5}\rho_0\widehat{c}\lambda_1\lambda_3 + \lambda_2\lambda_3 & (\text{非冲击波作用区}) \end{cases} \tag{5.9}$$

$$D_0 = 1 - \frac{E_{d0}}{\widehat{E}_d} \tag{5.10}$$

式中　b——损伤条件下的应力波侧压力系数；

　　　$\sigma_{r0}(r)$——围岩计算点的围岩初始应力；

　　　$\widehat{c}$——无损条件下的纵波波速；

　　　$\lambda_1 = -4.11\times10^{-8}$；$\lambda_2 = 2.92$；$\lambda_3 = 0.5\sim0.8$。

同时，对于不耦合介质为水时，还需要考虑爆生水汽形成的围岩应力场，这里近似取爆生水汽沿爆生裂纹的传播规律遵循如下形式：

$$p_w(r) = p_{cs} \cdot \left(\frac{r_s}{r}\right)^2$$

$$= p_{cs} \cdot \left(\frac{\sqrt{r_0^2 + (r_0-r_{cs})^2 - 2\cdot r_0 \cdot (r_0-r_{cs})\cdot\cos(\pi-\theta)}}{r}\right)^2 \tag{5.11}$$

岩体破裂区半径判定准则由公式（5.1）—式（5.3）来判定，并将式（5.6）和式（5.7）带入可得到偏心不耦合装药结构的围岩粉碎区半径分布。

5.2 算例分析

在重庆轨道 9 号线进行了爆破现场试验，Ⅲ级围岩，岩性为砂岩。爆破参数为炮孔长度 $l=4$ m；乳化炸药，炸药爆速 $D=4\,000$ m/s，$\rho_e=1.25\times10^3$ kg/m³，装药半径 $r_0=0.02$ m，岩石的密度 $\rho_c=3.8\times10^3$ kg/m³，围岩的抗压强度 $\sigma_{jc}=40$ MPa，抗拉强度 $\sigma_1=2.91$ MPa，泊松比 $\upsilon=0.2$，围岩的纵波波速 $C_p=4.39\times10^6$ m/cm³。空气密度值 $\rho_a=1.29$ kg/m³，水密度 $\rho_w=1.0\times10^3$ kg/m³；$t_1=1$ ms，$t_3=8$ ms，假设 $t_4=10$ ms，裂纹长度取为 0.001 m；同时取裂纹的倾角 $\beta=45°$。

5.2.1 围岩入射压力分布图

首先对围岩的入射压力进行计算分析。

如图 5.2 所示，当装药炮孔半径为 40 mm，装药采用 EJ-102 乳化炸药（小直径）时，其药卷半径为 20 mm。采用偏心不耦合装药形式，不耦合介质分别采用水和空气，最终围岩入射压力计算结果如图 5.2 所示。由图 5.2 可以看出，无论是水不耦合介质装药还是空气不耦合介质装药，炮孔内压值分布都是从远离装药侧到装药侧不断增大的。但是，水不耦合介质装药形成的炮孔初始内压值分布更均匀。在远离装药侧 A 点围岩初始入射压力值为最小值，而在装药侧 B 点达到最大围岩入射压力值 2.5 MPa。对比水不耦合介质装药和空气不耦合介质装药，从图中我们还可以发现水不耦合介质在装药情况下的围岩入射压力值明显大于空气不耦合装药情况。在围岩外侧最远端 A 点，达到了最大比值1.133/0.003≈377.7（倍）。从图 5.2 中还可以发现，在装药情况一定时，围岩初始入射压力值，从装药侧 B 点到非装药侧 A 点，空气不耦合介质装药情况下的围岩压力值比水不耦合介质装药情况下的衰减更快。因此,根据图 5.2 可以得到:水不耦合介质装药对爆破能量的传递效果比空气不耦合介质更优。

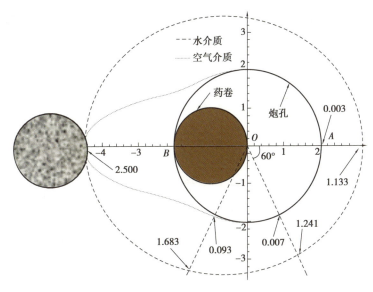

图 5.2　装药半径为 20 mm 时,水和空气不耦合介质偏心装药炮孔内压力分布图(MPa)

5.2.2　围岩破裂区分布图

条件 1:水不耦合介质装药,本书计算结果;条件 2:空气不耦合介质装药,本书计算结果;条件 3:水不耦合介质装药,田运生等计算结果;条件 4:空气不耦合介质装药,Ding 计算结果。

图 5.3 所示为装药半径为 20 mm,偏心不耦合系数 2 时,空气和水偏心不耦合介质装药情况下,本小节理论计算结果和喻智等计算结果的对比图。由对比图 5.3 可以发现:喻智等和本书计算结果均表明,水介质装药比空气介质装药形成的破裂区半径大,并且两者有较大差别;对于空气不耦合介质装药,破裂区形成的区域主要集中在装药侧,大概分布为12~15倍的炮孔直径,对比水不耦合介质装药形成的破裂区分布,两者有较大不同,水不耦合介质形成的破裂区在炮

孔周围比较均匀,后者破裂区半径的大小为15~23倍的炮孔直径。分析造成的原因主要是:水不耦合介质装药随爆破能量起到了较好的传递效果,同时也证明了水不耦合装药较空气不耦合介质装药更具有爆破增效的效果。当空气介质偏心不耦合装药系数为2时,破裂区主要集中在装药侧,为12~15倍的炮孔直径。

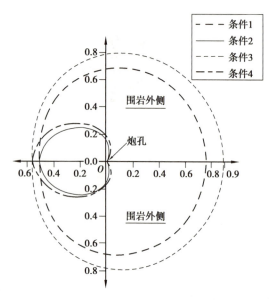

图 5.3　装药半径为 20 mm 时,炮孔周边破裂区分布图

图 5.4 所示为围岩含节理情况下周边眼偏心不耦合爆破计算模型示意图。本小节计算模型是根据第 3 章中固水气三相不耦合计算模型来建立的,模型为不堵口工况,试验模型模拟时采用 cm-g-μs 单位制,模型尺寸选择 400 cm × 460 cm,炮孔深度 3 m,炮孔直径 4 cm。模拟方案均采用反向起爆形式。考虑实际爆破围岩是半无限性质的,因此,数值模型的左右边界和底边界均采用无反射边界条件,而顶部设定为自由临空面。实际爆破围岩是轴对称立体三维模型,这里为计算方便简化采用二维计算模型,具体如图 5.1 所示。借鉴以前学者的研究经验,爆破后的冲击波、爆生气体和爆生气体压力持续时间设置为 300 μs。采用 ANSYS LS-DYNA 和 LS-PrePost-4.0 对模型分别进行了前处理和后处理。

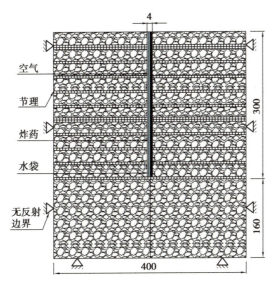

图 5.4　偏心不耦合装药数值模拟模型示意图（cm）

图 5.5 所示为掏槽眼固水气三相轴向不耦合装药爆破数值模型示意图。图中，(a)为计算模型不含节理情况下的装药计算模型示意图；(b)为水平节理存在情况下，掏槽眼固水气三相轴向不耦合装药结构示意图。爆破材料计算模型选型如下：

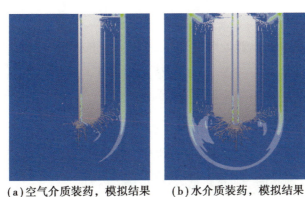

(a)空气介质装药，模拟结果　　(b)水介质装药，模拟结果

图 5.5　偏心不耦合装药数值模拟结果图

1）炸药材料计算模型选型

模拟炸药采用 HIGH_EXPLOSIVE_BURE 材料模型和 JWL 状态方程，具体方程式：

$$P = A\left(1 - \frac{\omega}{R_1 V}\right) e^{-R_1 V} + B\left(1 - \frac{\omega}{R_2 V}\right) e^{-R_2 V} + \frac{\omega E_0}{V} \qquad (5.12)$$

式中　P——炮孔压力，值为 5.06 GPa；

　　　A——214.4 GPa；

　　　B——0.182 GPa；

　　　R_1——130；

　　　R_2——0.90；

　　　ω——格林爱森参数，取为 0.15；

　　　V——爆炸产物的相对体积；

　　　E_0——爆炸产物初始比内能，值为 3.15 GPa。

2) 水袋与空气材料模型

水和空气选用 Grunneisen 状态方程：

$$P = \frac{\rho_0 C^2 \mu \left[1 + \left(1 - \frac{\gamma_0}{2}\right)\mu - \frac{a}{2}\mu^2\right]}{\left[1 - (S_1 - 1)\mu - S_2 \dfrac{\mu^2}{\mu + 1} - S_3 \dfrac{\mu^3}{(\mu + 1)^2}\right]} + (\gamma_0 + a\mu)E_0 \qquad (5.13)$$

式中　P——孔压；

　　　ρ_0——材料密度，此处水为 1 g/cm^3，空气 0.001 252 g/cm^3；

　　　γ_0——Grunneisen 系数，水为 0.35，空气为 1.4；

　　　E_0——内能，水和空气均为 0；

　　　C——曲线的截距，水为 0.164 7，空气为 0.344；

　　　S_1, S_2 和 S_3——曲线系数，这里水为 1.921、-0.096 和 0，空气为 0,0 和 0；

　　　a——γ_0 和 μ 的一阶修正量，这里 $\mu = \rho / \rho_0 - 1$。

3) 岩石材料计算模型

岩石选用弹塑性随动模型 * MAT_PLASTIC_KINEMATIC。该模型各参数选取依据第 2 章掏槽眼理论计算模型基本参数来选取：密度 ρ_c 为 3.8×10^3 kg/m^3；弹性模量 $E = 25$ GPa；泊松比 0.2；σ_0 初始屈服强度；屈服极限强度 σ 为 117 MPa；

切线模量 $E_t = 1.5$ GPa, 硬化参数 $\zeta = 0.5$; 失效应变 $\varepsilon = 3.5$; 参数 P 为 4.0; 参数 C 为 2.5。

$$\sigma = \left[1 + \left(\frac{\varepsilon}{C} \right)^{\frac{1}{P}} \right] \left(\sigma_0 + \zeta \frac{E_t E}{E - E_t} \varepsilon_{ep} \right) \tag{5.14}$$

图 5.5 为偏心不耦合系数为 2 时,空气不耦合介质和水不耦合数值模拟结果图。由图 5.5 可知:水不耦合介质装药情况下围岩外侧破裂区半径明显比空气不耦合介质大,以及水不耦合介质相比空气不耦合介质具有爆破增效的效果;但对于周边眼控制超欠挖目的,水不耦合介质装药是不利的,因此现场装药应该避免采用。

表 5.1 偏心不耦合装药时,理论解与数值解对比

不耦合介质	围岩	破裂区半径 r_c/cm		偏差(±%)
		本书理论解	数值解	
空气	外侧	2	2	0
	内侧	52.16	60	15.0
水	外侧	76.6	68	12.6
	内侧	52.16	54	3.5

由表 5.1 可知:数值模拟结果与第 4 章偏心不耦合计算理论的结果偏差控制在 ±15% 以内,理论和数值结果基本符合。进而得到,本节的偏心不耦合数值模型与理论研究较符合,对探讨偏心不耦合装药效果具有研究价值,见表 5.2。

表 5.2 数值模拟结果

径向不耦合系数	围岩外侧破裂区半径/cm					围岩级别
	RQD=10%	RQD=35%	RQD=60%	RQD=85%	RQD=95%	
4	—	—	2	2	2	II
	—	2	2	2	—	III
	2	2	2	—	—	IV

续表

径向不耦合系数	围岩外侧破裂区半径/cm					围岩级别
	RQD=10%	RQD=35%	RQD=60%	RQD=85%	RQD=95%	
2	—	—	2	2	2	Ⅱ
	—	2	2	2	—	Ⅲ
	2	2	2	—	—	Ⅳ
1.33	—	—	33	24	22	Ⅱ
	—	30	31	23		Ⅲ
	35	32	32	—	—	Ⅳ

5.2.3 围岩超欠挖的影响研究

1) 偏心不耦合装药系数对围岩超欠挖的影响研究

研究偏心不耦合系数对爆破效果的影响,具体模拟方案见表5.3。

表 5.3 偏心不耦合系数对爆破效果的影响

轴向不耦合系数		方案				围岩级别	RQD/%
		1	4	2	1.33		
方案组	一	31	1	2	3	Ⅳ	10
	二	32	4	5	6	Ⅲ	35
	三	33	7	8	9	Ⅳ	
	四	49	10	11	12	Ⅱ	60
	五	50	13	14	15	Ⅲ	
	六	51	16	17	18	Ⅳ	
	七	34	19	20	21	Ⅱ	85
	八	35	22	23	24	Ⅲ	
	九	36	25	26	27	Ⅱ	95

依据表 5.2 和表 5.3,得到围岩外侧破裂区半径随径向不耦合系数 k_r 的变化规律(图 5.6)。从图 5.6 中可以看出,在装药结构、围岩级别和 RQD 值相同时,数值分析每一方案组都显示随着径向不耦合系数的增大,围岩外侧破裂区半径是不断减小的;并且,模拟结果表明,当偏心不耦合系数大于等于 2 时,围岩外侧破裂区半径值稳定在炮孔半径,即围岩外侧没有超挖,半孔残留率得到了保障。

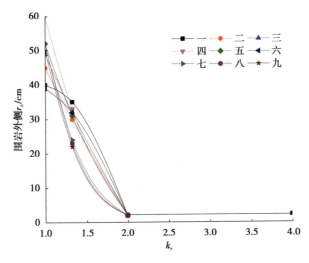

图 5.6　围岩外侧 r_c 随 k_r 的变化

由上可以得到:在保证不出现爆破挂帘现象或欠挖情况下,现场施工周边眼装药应尽量采用径向不耦合系数大于等于 2 的装药结构。

2)不同围岩级别对围岩超欠挖的影响研究

研究围岩级别对周边眼超欠挖爆破效果的影响,模拟方案见表 5.4。

表 5.4　围岩级别对爆破效果的影响

围岩级别		方案			轴向不耦合系数	RQD/%
		II	III	IV		
方案组	十	10	13	16	4	60
	十一	11	14	17	2	
	十二	12	15	18	1.33	
	十三	49	50	51	1	

依据表 5.2 和表 5.4,得到围岩外侧破裂区半径随径向围岩级别的变化规律。

如图 5.7 所示,在装药结构、偏心径向耦合系数和 RQD 值相同情况下,围岩外侧破裂区半径随围岩级别的减小整体呈不断减小或稳定不变的规律。现场装药参数的确定,可根据实际情况结合图 5.7 来确定。

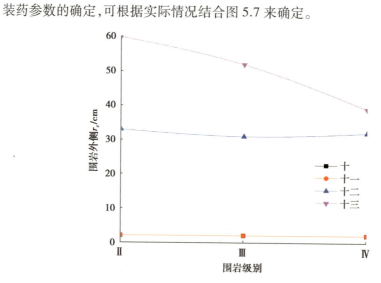

图 5.7   围岩外侧 r_c 随围岩级别的变化

3) 不同 RQD 值对爆破效果的影响研究

研究不同 RQD 值对爆破效果的影响,需要控制其他爆破参数不变,如装药结构、围岩级别和轴向不耦合系数等,具体模拟方案见表 5.5。

表 5.5   RQD 值对爆破效果的影响   单位:%

方案组		方案					围岩级别	轴向不耦合系数
		10	35	60	85	90		
方案组	十四	—	—	10	19	25	Ⅱ	4
	十五	—	4	13	22		Ⅲ	
	十六	1	7	16			Ⅳ	
	十七	—	—	11	20	26	Ⅱ	2
	十八	—	5	14	23	—	Ⅲ	
	十九	2	8	17	—	—	Ⅳ	

续表

方案组		方案					围岩级别	轴向不耦合系数
		10	35	60	85	90		
方案组	二十	—	—	12	21	27	Ⅱ	1.33
	二十一	—	—	15	24	—	Ⅲ	
	二十二	3	9	18	—	—	Ⅳ	
	二十三	—	—	49	34	36	Ⅱ	1
	二十四	—	32	50	35	—	Ⅲ	
	二十五	31	33	51	—	—	Ⅳ	

依据表 5.2 和表 5.5,得到围岩外侧破裂区半径随围岩 RQD 值的变化规律如图 5.8 所示。由图 5.8 易知:围岩为Ⅱ级时,整体减小;围岩为Ⅲ级时,整体稳定不变;围岩为Ⅳ级时,整体稳定不变。

最终得到以下几点结论:

①通过与第 3 章节理论模型对比,得到与理论计算模型相同的结论:空气介质偏心不耦合装药较水介质偏心不耦合装药具有更优的周边眼超欠挖控制效果。

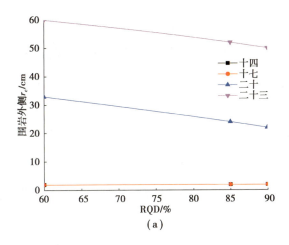

(a)

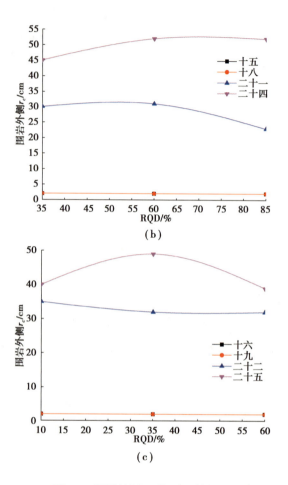

图 5.8　围岩外侧 r_c 随 RQD 值的变化

②对比空气介质偏心不耦合装药与轴心不耦合装药和耦合装药爆破效果得到:在这 3 种装药方案中,空气介质偏心不耦合装药对控制隧道周边眼超欠挖为最优装药方案。

③在保证不出现爆破挂帘现象或欠挖情况下,现场施工周边眼装药应尽量采用径向不耦合系数大于等于 2 的装药结构。

④在其他装药参数相同的情况下,围岩外侧破裂区半径随围岩级别的减小整体呈不断减小或稳定的变化规律。

⑤在其他装药参数相同时,围岩外侧破裂区半径随围岩 RQD 值的增大整

体是不变的。具体现场装药参数的确定,可根据实际情况由本节数值模拟图来定。

5.3 本章小结

本章针对轴向不耦合系数与径向不耦合系数对光爆效果的影响进行了研究,可以看出,轴向不耦合系数的大小对光爆效果的影响比径向不耦合系数的大小更加明显;当径向不耦合系数为 0 时,通过改变轴向不耦合系数可使半孔残留率的最小值为 55%,最大值为 85%;当径向不耦合系数为 2 时,通过改变轴向不耦合系数可使半孔残留率的最小值为 90%,最大值为 95%。海绵和水袋轴向不耦合装药可以有效保护围岩的破裂区和扰动区,有利于围岩的自稳。

第 2 篇

软岩地层地铁车站初支拱盖法暗挖施工风险识别与控制研究

第6章　研究背景、现状及内容

6.1　研究背景及意义

6.1.1　研究背景

随着我国经济社会的快速发展，人员出行和货物运输的交通需求不断上升，其需求的增长速度远大于地面交通的建设速度，造成地面交通的严重拥挤，从而严重影响了经济社会的发展。为了有效缓解城市交通紧张的情况，同时考虑到地上空间的不断减少以及高架等对城市景观的影响，人们将目光投向了地下轨道交通。

大连、青岛等地区基岩埋深较浅，是典型的"上软下硬"地层，地铁车站暗挖施工一般采用双侧壁导坑法。在工程实践中，工程建设者们发现双侧壁导坑法存在拱部围岩成拱效应差、爆破损伤支护结构等潜在风险，且施工周期比较长，废弃工程量大，不能满足安全、经济、实用的要求。为了适应地层的需要，工程设计者们在明挖法、盖挖法和 PBA 法的基础上创新性地提出了拱盖法,其基本思想是通过拱盖将拱部荷载传递给下部基岩,并在拱盖的保护下,实现下部岩体的快速开挖。目前,传统拱盖法已在大连、青岛、厦门、重庆、贵阳等地获得了成功应用,但由于拱部和边墙二衬分开施作,传统拱盖法存在二衬结合部位渗水以及下部岩体爆破开挖造成的拱盖开裂、位移甚至拱脚不稳定等问题。鉴于此,工程设计者们对其进行优化得到了初支拱盖法。初支拱盖法通过施作初支拱盖充当临时二衬,待整个断面开挖完成后再整体施作二衬,克服了传统拱盖法漏水以及爆破损伤支护结构等缺点。当前,关于初支拱盖法的工程案例和研究成果很少,且主要集中于"上软下硬"地层,而针对软岩地层深埋地铁车站初支拱盖法的设计、施工更是缺少可借鉴的经验。恰逢重庆轨道交通 9 号线软岩地层深埋车站红岩村站在施工过程中首次使用初支拱盖法,为初支拱盖法的研究提供了工程案例。为了研究初支拱盖法在软岩地层深埋地铁车站的适用性同时保证红岩村车站的顺利施工,本书依托红岩村车站进行软岩地层深埋地铁车站初支拱盖法施工的风险控制研究。

6.1.2 研究意义

目前,传统拱盖法已在大连、青岛、厦门、重庆、贵阳等地获得了成功应用,但初支拱盖法的工程案例和研究成果较少,针对软岩地层初支拱盖法的设计、施工更是缺少可借鉴的经验,主要表现在 3 个方面:一是工程界和学术界对初支拱盖法的破坏模式、受力特性、变形特征等的研究还不够深入;二是地质条件区域性差异较大。地质条件不同,围岩和支护结构的受力和变形也就不同,为保证隧道开挖的稳定,需要对开挖步序和支护参数进行相应调整;三是在不同埋深和跨度条件下,隧道的破坏模式也会发生变化,需要采取灵活的开挖和支护措施。鉴于此,本书依托重庆市轨道交通 9 号线红岩村车站,进行软岩地层深埋地铁车站初支拱盖法的施工风险控制研究,一方面深化对拱盖法破坏模式、受力及变形特征的认识,另一方面研究初支拱盖法在软岩地层深埋地铁车站施工中的适用性,找到对施工过程影响较大的风险源,并对其进行针对性的优化控制,在保证红岩村车站顺利施工的同时为以后其他类似工程提供借鉴经验。

6.2 国内外研究现状

6.2.1 地铁车站暗挖施工风险分析

隧道工程是一项极其复杂的系统工程,具有工程规模大、投资成本高、施工周期长、社会效应强等特点,同时由于施工场地的地质条件和周围环境比较复杂,存在较大的不确定性和安全风险,一旦发生安全事故,将给国家和社会造成难以估量的损失。因此,非常有必要对隧道工程中存在的风险源进行识别和评估,然后采取相应的预防和控制措施,将建设过程中的损失降到最低,以达到安全、经济和高效的管理目标。

当前,常用的风险识别方法主要有专家调查法、检查表法、WBS-RBS 风险耦合分析法和故障树分析法等。风险评估方法有定性分析法(包括专家评议法、德尔菲法、失效模式和后果分析法等)、定性定量分析法(包括事故树法、决策树法、影响图法、因果分析法等)和定量分析法(层次分析法、神经网络法、蒙特卡洛法等)。

薛洪松采用专家调查和 WBS-RBS 风险耦合分析相结合的方法对富丰桥车站进行了风险识别,找出了 14 个风险因素,然后建立了三层次的递阶风险评估模型并采用模糊层次分析法计算了风险因素的权重,最后对风险因素进行评价,同时与定性分析结果相对比。杜宪武等通过对某 PBA 地铁车站及暗挖区间进行调查分析,确定了隧道施工的风险源,然后采用贝叶斯网络与模糊综合评估相结合的方法对风险源进行了评估,评估结果与工程一致。王路杰分别采用 AHP-模糊综合评价法和 BP 神经网络评价模型对青岛地铁 2 号线延安路站主体施工风险进行了评估,二者确定的风险等级均为 II 级,符合工程实际。王奕等在地铁事故数据调查的基础上,采用 WBS-RBS 风险耦合分析法得到了地铁施工过程中的风险因素和风险事件,然后采用故障树分析法对风险因素进行了敏感度分析,并按照风险系数进行排序,最后提出了针对性的控制措施。李晓兵在 WBS-RBS 风险耦合分析法的基础上,采用专家调查法对青岛地铁 4 号线错埠岭站进行了风险识别,然后采用层次分析法对识别到的风险因素进行评估,确定了风险权重并划分了风险等级。

6.2.2　地铁车站暗挖施工工法研究

城市轨道交通线路一般布设在城市主干道下部地层中,由于主干道交通流量大且周边环境复杂,不允许受到影响,因此,目前国内外地铁车站广泛采用暗挖法施工。暗挖法主要分为新奥法和浅埋暗挖法两大类。新奥法即我们常说的矿山法,其基本思路是根据监控量测反馈得到的信息,及时修正初期支护及二衬的支护参数、施作时间以及所采用的其他措施,以保证洞室开挖的稳定性。浅埋暗挖法主要适用于软土地层浅埋隧道的开挖,以"新奥法"的原理进行设计与施工,与新奥法的主要区别在于以加固和处理软弱地层为前提,采用足够刚性的复合衬砌作为基本支护结构。二者虽适用范围不同,但采用的施工工法基本相同,常用的有双侧壁导坑法和拱盖法。

1) 双侧壁导坑法

双侧壁导坑法又称眼镜法,主要依据新奥法基本原理,将超大断面分割为多个小断面进行分部开挖,该方法能够降低各导洞开挖过程对周边围岩的扰动影响,施工阶段核心土的留设也能对隧洞围岩和掌子面起到支撑作用。崔振东对重庆轨道交通环线上桥车站双侧壁导坑法的施工过程进行了分析,对临时中隔墙岩柱开挖的稳定性进行了着重研究并提出了加固措施,形成了临时中隔墙岩柱开挖的施工关键技术。亓长君以长春地铁 2 号线车辆段双侧壁导坑法施工为例,分别对超前小导管施工、土方开挖、钢格栅施工、锁脚锚管施工、管网喷混凝土、初支背后注浆、中隔壁拆除与回撑等关键工艺进行了研究。李文光等以重庆轨道交通 10 号线红土地车站为研究对象,采用有限元法,从围岩和支护结构受力特征、施工进度以及难易程度等角度对两种不同开挖方案进行了综合对比分析,为类似工程优化施工提供了指导。于金龙等依托重庆轨道交通 10 号线鲤鱼池站建立三维有限元数值模型,分析双侧壁导坑法施工对车站隧道围岩稳定性的影响。田利锋依托重庆轨道交通 10 号线渝北广场站采用 Midas GTS 有限元数值软件,对弧形壁(原双侧壁)和直壁法(双侧壁)开挖方案进行全过程动态模拟,结合监控量测数据,综合对比分析隧道变形和支护结构内力。

2) 拱盖法

拱盖法是在明挖法、盖挖法和 PBA 法基础上提出的一种适用于"上软下硬"地层的暗挖施工方法。主要应用于围岩等级Ⅳ级以上、地质条件较好的市内主要干道和不允许采用盖挖法或明挖法施工的地铁车站。拱盖法的核心是通过拱盖将上部围岩荷载传递给下部围岩,从而充分利用岩石的承载能力。根据临时拱盖的不同,拱盖法主要分为二衬拱盖法、初支拱盖法和叠合初支拱盖法。

贾贵宝结合工程实践介绍了拱盖法的施工工艺和流程,并通过与其他工法进行对比,突出了拱盖法的优点;吴学锋以青岛地铁 3 号线某车站为依托,采用有限元法对土岩复合地层拱盖法的施工过程进行三维模拟,对施工过程中的地表和拱顶沉降以及支护结构和围岩应力进行了分析,结果表明拱盖法在土岩复合地层中具有良好的适用性;张光权等对青岛地铁 3 号线中山公园站施工过程中的地表沉降进行了监控量测,得到了拱盖法施工过程中的地表沉降规律,并据此提出了一系列控制对策;杜子建通过建立二维模型分析了"上软下硬"地层中大跨隧道拱盖法施工的地层沉降规律,找到了拱盖法施工过程中的关键施工工序,同时与监测数据进行对比,并提出了相应对的对策;李克先等认为在硬岩环境中,拱盖法仍有改进的空间,结合不同的地质环境,对施工工序进行优化设计,优化后的初支拱盖法具有较大优越性,能更好地适用于青岛硬岩地层。邓昆等采用有限差分软件 FLAC 3D 对凤西路站全过程施工进行数值模拟,分析了施工过程中地表沉降、初期支护结构应力、位移及大拱脚的加固效果,认为双层叠合初支拱盖法在重庆地区层状岩地层中有很好的适用性,且拱部中导洞开挖和临时支撑拆除为施工关键工序。

6.2.3　地铁车站暗挖施工围岩稳定性分析

目前常用的分析车站围岩稳定性的方法主要有理论分析、数值模拟、模型试验和现场试验 4 种,但这 4 种方法各有其优缺点。理论分析方法发展速度比较缓慢,其计算模型条件简化比较多,无法全面反映复杂地质条件、边界条件和加卸载条件;数值分析可以模拟复杂岩土体的结构物理力学特性,并且可快捷地进行施工步序和各种工况的分析,对工程结果进行预测,但其对参数的选取依赖性比较大;模型试验能形象直观地模拟工程结构的受力、变形和破坏特征,但是相似材料确定比较困难,且试验过程难以控制。现场试验的真实性高、实用性强,可以准确地反映施工过程中工程结构受力和变形特性,但其试验成本比较高。因此,在围岩稳定性研究中更多的是将这 4 种方法进行组合使用,通过对比分析得到令人信服的结果。

张国华等针对重庆地区层状岩地层暗挖地铁车站的特殊地质条件、超大断面及受施工工法影响显著等特征,建立了三维数值模型,对叠合初支拱盖法、双侧壁导坑法、中隔墙加台阶法进行对比分析,结果表明叠合初支拱盖法对重庆地区层状岩地层具有更好的适用性。陈万丽等依托实际工程,采用三维数值模拟方法对初期支护拱盖法施工过程中地面沉降、拱顶沉降、初期支护受力和围岩应变的变化规律进行了分析,同时研究了硬岩地层中扁平大跨隧道采用初期支护拱盖法施工的可行性,并通过现场监测结果进行验证。朱晓雨依托贵阳某地铁车站,采用模型试验和数值模拟两种方法,分析了初支拱盖法在上软下硬地层中的适用性,并通过分析围岩渐进破坏过程、拱盖受力及变形规律以及边墙和仰拱的稳定性,对原有工法进行了优化。李卫等通过大比尺三维室内模型试验模拟了车站全断面无支护开挖、全断面支护开挖及拱盖法开挖的全过程,分析不同施工工况下车站围岩受力、变形机制及其稳定性。曹智淋依托贵阳地铁 2 号线观水路地铁车站,采用理论分析、数值计算和监测量测方法,研究了地铁车站采用双侧壁导坑施工过程中各导洞压力拱的变化规律,对现有的围岩压力过程设计计算方法进行了改进,同时,对车站不同的施工方案进行了分析,并确定了合理的施工方案。宋超业等以大连地铁 2 号线兴工街站为研究对象,采用现场试验与数值计算方法,研究了双层支护的组合形式和刚度比对围岩压力以及地层沉降的影响。

6.2.4　隧道变形控制基准研究

为了避免隧道施工对城市交通产生影响,目前,隧道施工主要采用暗挖法施工。由于地质条件和周围环境的复杂性,隧道施工面临很多未知的风险。因此,在隧道施工过程中,通过了解隧道的动态变化过程来判断其是否稳定就显得至关重要。

隧道的稳定性主要体现在变形和受力两方面。在变形方面,通过分析隧道洞周初期支护的位移如拱顶沉降、水平收敛等的变化情况来判定隧道的稳定性。若变形或变形速率超过极限位移或极限速率,则隧道失稳,反之,隧道稳定。在受力方面,通过分析围岩压力和支护结构受力的变化情况来判定隧道的稳定性。但由于应力量测比较复杂且得到的数据准确性较差,而变形监测方法简便,易于掌握,得到的数据可靠性强且内涵丰富,可反演分析力学量。因此,目前国内外普遍将初期支护的变形作为隧道施工的安全控制指标,应力量测作为辅助分析手段。

当前,各国的隧道基准主要采用其基于自身工程实践确定的规范值,但是这些规范取值具有严格的适用条件。随着交通需求的增加,隧道断面越来越大,施工工法越来越多,地质条件越来越复杂,现有的规范取值已不能满足这些新隧道的安全施工的要求。因此,在新的历史条件下,为了保证这些新隧道的安全施工,很多学者和工程建设者针对这些新情况下隧道的基准值进行了大量的研究,取得了丰富的成果。

1) 变形控制指标的规范取值

目前,国内外很多国家都通过工程实践确定了隧道施工安全位移控制基准。

(1) 法国位移基准

法国根据中等断面($50 \sim 100 \ m^2$)隧道的施工经验制订了以拱顶下沉为控制指标的位移基准,见表6.1。

表 6.1　法国隧道位移控制基准

埋深/m	硬岩拱顶下沉		软岩拱顶下沉	
	最大值/mm	相对值/%	最大值/mm	相对值/%
$10 \sim 50$	$1 \sim 2$	$0.2 \sim 0.4$	$2 \sim 5$	$0.4 \sim 1.0$
$50 \sim 100$	$2 \sim 6$	$0.4 \sim 1.2$	$10 \sim 20$	$2.0 \sim 4.0$
>500	$6 \sim 12$	$1.2 \sim 2.4$	$20 \sim 40$	$4.0 \sim 8.0$

(2) 日本位移基准

日本通过对约50座隧道,821个断面的监测数据进行统计分析制订了位移基准,适用于埋深小于500 m的情况,见表6.2。

表 6.2　日本隧道位移控制基准

围岩级别	单线周边收敛		双线或新干线周边收敛	
	最大值/mm	相对值/%	最大值/mm	相对值/%
ⅠS 或特 S	>75	>2.7	>150	>3.15
ⅠL	25~75	0.9~2.7	50~150	1.05~3.15
ⅡN~ⅤN	<25	<0.9	<50	<1.05

（3）中国位移基准

我国位移基准综合考虑了围岩条件和埋深对隧道周边位移的影响,通过工程实践确定。

《岩土锚杆与喷射混凝土支护工程技术规范》(GB 50086—2015)给出了相关适用条件下的隧道洞周允许位移相对值的基准,见表 6.3。

表 6.3　隧道周边允许位移相对值/%

埋深/m 围岩级别	<50	50~300	>300
Ⅲ	0.10~0.30	0.20~0.50	0.40~1.20
Ⅳ	0.15~0.50	0.40~1.20	0.80~2.00
Ⅴ	0.20~0.80	0.60~1.60	1.00~3.00

该规范基准值主要适用于高跨比 0.8~1.2 的地下工程,且Ⅲ级围岩跨度不大于 20 m,Ⅳ级围岩跨度不大于 15 m,Ⅴ级围岩跨度不大于 10 m。适用范围之外的地下工程需根据实测数据的综合分析或工程类比方法确定允许值。

《铁路隧道监控量测技术规程》(Q/CR 9218—2015)给出了铁路隧道相关适用条件下的隧道初期支护极限相对位移的基准,见表 6.4 和表 6.5 所列。

表 6.4　跨度 $B \leqslant 7$ m 的隧道初期支护极限相对位移

围岩级别	隧道埋深 h/m		
	$h \leqslant 50$	$50 < h \leqslant 300$	$300 < h \leqslant 500$
拱脚水平相对净空变化/%			
Ⅱ	—	—	0.2~0.60
Ⅲ	0.10~0.50	0.40~0.70	0.60~1.50
Ⅳ	0.20~0.70	0.50~2.60	2.40~3.50
Ⅴ	0.30~1.00	0.80~3.50	3.00~5.00
拱顶相对下沉/%			
Ⅱ	—	0.01~0.05	0.04~0.08
Ⅲ	0.01~0.04	0.03~0.11	0.10~0.25
Ⅳ	0.03~0.07	0.06~0.15	0.10~0.60
Ⅴ	0.06~0.12	0.10~0.60	0.50~1.20

表 6.5　跨度 7 m$< B \leqslant 12$ m 的隧道初期支护极限相对位移

围岩级别	隧道埋深 h/m		
	$h \leqslant 50$	$50 < h \leqslant 300$	$300 < h \leqslant 500$
拱脚水平相对净空变化/%			
Ⅱ	—	0.01~0.03	0.01~0.08
Ⅲ	0.03~0.10	0.08~0.40	0.30~0.60
Ⅳ	0.10~0.30	0.20~0.80	0.70~1.20
Ⅴ	0.20~0.50	0.40~2.00	1.80~3.00
拱顶相对下沉/%			
Ⅱ	—	0.03~0.06	0.05~0.12
Ⅲ	0.03~0.06	0.04~0.15	0.12~0.30
围岩级别	隧道埋深 h/m		
	$h \leqslant 50$	$50 < h \leqslant 300$	$300 < h \leqslant 500$
Ⅳ	0.06~0.10	0.08~0.40	0.30~0.80
Ⅴ	0.08~0.16	0.14~1.10	0.80~1.40

该规范基准值适用于采用复合衬砌的初期支护,硬质围岩隧道取表中较小值,软质围岩隧道取表中较大值。

2)位移控制基准的研究成果

相关研究表明隧道开挖后的极限位移受围岩条件、隧道埋深、断面形式、断面大小、施工工法等多种因素影响。而规范给定的位移基准都有较为严格的适用条件,对大断面及特殊地层中隧道的施工不适用,因此很多学者对此进行了有针对性的研究。

目前,针对隧道暗挖法施工的围岩变形控制基准研究主要采用现场监控量测、数值计算或二者相结合的方法。

张长亮采用现场监测和数值模拟的方法综合确定了两车道公路隧道围岩的变形控制基准。谢军等依托广州龙头山隧道,采用有限元软件 ADINA 建立了荷载-结构模型,然后根据衬砌结构的极限状态所对应的结构状态量,并考虑一定的安全系数后,确定了隧道运营期间的预警值。李培楠首先通过对现场实测位移值的回归分析预测得到了支护结构的最终位移值,然后采用有限元法确定支护结构极限位移值,最后综合考虑确定岩质围岩双车道公路隧道绝对位移控制基准。黄哲学对三车道公路隧道进行了现场实测和数值模拟,通过对所得数据的统计分析,综合确定了大跨扁平隧道常用的 4 种工法的极限位移。郭军和郑欣等将同一级别围岩的物理力学参数按照高、中、低位进行分位取值,并通过抽样组合得到不同的计算工况,然后采用有限元方法计算相同埋深条件下不同工况的支护位移值,并将所得支护位移值域按照 t 分布进行数理统计,取置信区间为 0.987 5 确定极限位移的最大值和最小值,最后综合考虑埋深确定隧道位移基准控制值。

6.3　研究内容、方法及技术路线

6.3.1　研究内容

在不同埋深、不同围岩条件下进行隧道施工时,即使采用相同的隧道断面和施工工法,隧道的变形特征和破坏模式也是不同的,这也就造成了施工过程中潜在风险的不同,因此需要对相应工况下隧道的破坏模式和变形特征进行有针对性的研究,同时对施工过程中存在的风险源进行识别和评估,然后采取合理的预防和控制措施,保证施工的顺利进行。当前,拱盖法的研究和应用局限于"上软下硬"浅埋地层,而重庆轨道交通 9 号线在深埋地铁车站红岩村站中首次使用了初支拱盖法,拓展了拱盖法的使用范围。为了保证红岩村站的顺利施工,同时对初支拱盖法在软岩地层深埋地铁车站中的适用性进行研究,本书以重庆轨道交通 9 号线红岩村车站为依托,对软岩地层中深埋地铁车站采用初支拱盖法施工进行了风险控制研究。本书的主要研究内容如下:

①对红岩村车站采用初支拱盖法施工过程中的风险事件进行识别,然后对识别出的风险源进行风险评估,找出对施工影响较大的风险源。

②建立二维分析模型,从围岩变形、应力、塑性区等方面分析红岩村车站采用初支拱盖法施工时的稳定性,同时采用强度折减法以特征点位移突变为评判指标找到毛洞和有支护隧道的极限平衡状态,通过对比分析确定软岩地层深埋地铁车站采用初支拱盖法施工时的破坏模式。

③建立三维数值模型,对初支拱盖法的拱部左、右导坑开挖和落底开挖工

序进行优化。同时,对临时支撑拆除时机进行研究,以降低风险发生的可能性和造成的损失。

④通过统计分析求得重庆地区中风化砂质泥岩物理力学参数的取值域,在此基础上,采用数值分析方法研究重庆地区软岩地层深埋地铁车站初支拱盖法施工的变形控制基准,以便为红岩村车站和以后其他类似工程提供指导。

6.3.2　技术路线

本书在收集红岩村车站地勘资料、设计资料以及附近其他工程资料的基础上,采用 WBS-RBS 风险耦合分析法识别出初支拱盖法施工过程中的风险源,并通过层次分析法对识别出的风险源进行风险评估,找出对施工影响较大的风险源。接着采用 Midas GTS NX 建立二维分析模型,研究施工过程中围岩的受力和变形特征。同时采用强度折减法,以特征点位移突变为评判指标找到隧道的极限平衡状态,确定隧道的破坏模式。然后采用数值分析方法对初支拱盖法的拱部左、右导坑开挖和落底开挖工序进行优化。同时,对临时支撑拆除时机进行研究,以降低风险发生的可能性和造成的损失。最后建立三维数值模型对统计得出的重庆地区中风化砂质泥岩的物理力学参数,并按照高、中、低位进行抽样组合,对不同工况进行计算,将所得的支护位移值域按照 t 分布进行数理统计,得到隧道洞周特征点的相对极限位移值和绝对极限位移值,从而建立软岩地层深埋地铁车站初支拱盖法施工的变形控制基准,在为红岩村车站施工提供指导的同时,也为以后其他类似工程提供参考。具体技术路线如图 6.1 所示。

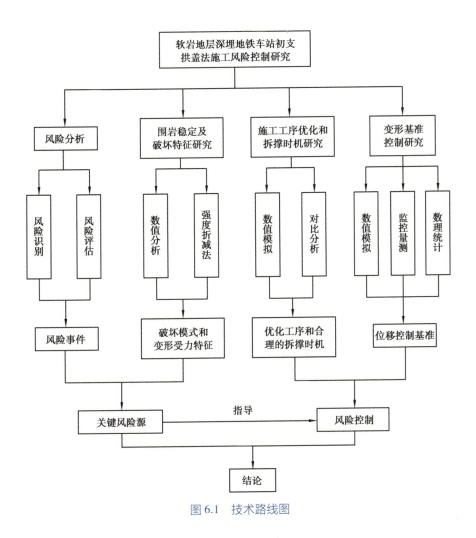

图 6.1 技术路线图

6.4 本章小结

本章介绍了软岩地层地铁车站初支拱盖法暗挖施工风险识别与控制研究的背景、意义、现状及研究内容和技术路线。

第 7 章　依托地铁工程施工风险分析

在不同埋深、不同地质条件下进行隧道施工时,即使采用相同的隧道断面和施工工法,隧道的变形特征和破坏模式也是不同的,这就造成了施工过程中潜在风险的不同。重庆轨道交通 9 号线红岩村车站首次将初支拱盖法应用于软岩地层深埋地铁车站的施工中,为了能够有效、合理地控制施工过程中风险事件的发生,本章将对红岩村车站的施工过程进行风险识别和评估。

7.1　风险分析理论

7.1.1　风险分析概述

风险分析是风险管理过程的第一步,主要是采用科学的方法识别、度量和评价项目风险,为施工过程中的风险控制提供指导。风险分析的主体思路为:先由风险评估人员对工程项目进行深入细致的调查、研究和分析,识别出工程项目评估范围内存在的风险源;然后根据风险评估的需要,制订合理的风险等级评定准则以及相应的风险决策;最后利用科学可靠的风险评估方法,得出衡量风险水平的具体指标(如风险指数、风险量等),进而划分风险等级,以便确定相应的风险控制措施。其主要流程如图 7.1 所示。

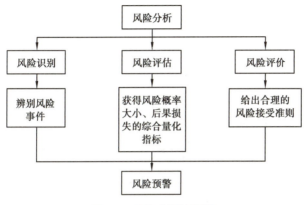

图 7.1　风险分析流程图

7.1.2　风险识别

风险识别是指调查工程建设中潜在的风险类型、风险发生的地点、时间和原因等,并系统进行风险筛选、分级的过程。风险识别的任务是根据确定的研究对象和研究目的,揭示潜在的风险事件,针对具体环境条件下的研究对象,确定哪些风险是主要的、应该的或者必须考虑的,以形成合理可靠的风险清单。

风险识别的常用方法主要有专家调查法、检查表法、WBS-RBS 风险耦合分析法等,本书主要介绍 WBS-RBS 风险耦合分析法。WBS-RBS 风险辨识方法主要基于工程结构分解思想,并结合风险矩阵进行耦合分析以达到风险全面辨识的目的。该方法具有逻辑性强、思路清晰、风险识别针对性强等优点,应用较为广泛。

1)具体思想

同时将评估范围内的工程结构及其风险结构进行分解,然后结合工程结构分解(WBS)结果和风险结构分解(RBS)结果进行对号入座,并将 RBS 中的具体风险与 WBS 中的工程部位一一对应,识别出具体风险发生的工程部位和范围,并对可能发生的风险进行因果分析和描述,从而达到风险辨识目的的一种方法。该方法具有逻辑性强、思路清晰、风险识别针对性强等优点。

2) 具体操作

①按照"工程总体—单位工程—分部分项工程—工序"进行工程结构分解,具体如图 7.2 所示。

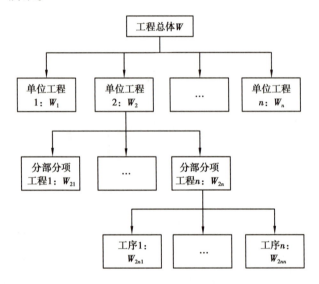

图 7.2 工程结构分解(WBS)图

②按类别对风险因素进行分解,如图 7.3 所示。

③将施工工艺中的施工工序进行列表并表示出来,形成工程行向量,如 $W = (W_1, W_2, W_3, W_4, W_5)$,其次,将风险因素同样进行列表,形成列向量(即基本风险因素)如 $R^T = (R_1, R_2, R_3, R_4, R_5, R_6)$。将二者进行耦合计算并形成耦合矩阵,见表 7.1。对耦合矩阵进行人为判断(数字 1 表示两者耦合产生风险事故,而数字 0 表示不产生),同时依此分析出可能产生的所有安全风险事故及对应的风险因素。

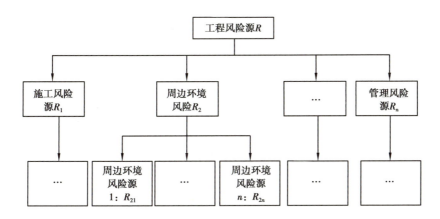

图 7.3　风险结构分解(RBS)图

表 7.1　WBS-RBS 耦合矩阵

RBS \ WBS		W_1			W_2			W_3			...
		W_{11}	W_{12}	W_{13}	W_{21}	W_{22}	W_{23}	W_{31}	W_{32}	W_{33}	
R_1	R_{11}	1	1	1	1	1	1	0	0	0	...
	R_{12}	0	1	1	0	0	0	1	0	1	...
	R_{13}	1	1	1	0	1	0	0	0	0	...
R_2	R_{21}	0	0	0	1	0	0	0	0	0	...
	R_{22}	0	0	0	1	1	1	1	1	0	...
R_3	R_{31}	0	0	0	1	0	1	1	1	1	...
	R_{32}	0	0	0	0	0	0	1	1	0	...
	R_{33}	0	0	1	0	0	0	1	0	0	...
⋮	⋮	⋮	⋮	⋮	⋮	⋮	⋮	⋮	⋮	⋮	⋮

7.1.3　风险评估

风险评估是指采取科学方法将识别出的风险按其风险水平大小予以排序, 按照一定的风险等级评定准则,对各个风险进行风险等级的划分,以便于风险管理方按照规定的风险决策,有针对性、有重点地管理好风险,达到风险控制的目的。

　　根据风险评估的目的和对象的不同,有多种风险评估方法。常用的风险评估方法有定性分析法(包括专家评议法、德尔菲法、失效模式和后果分析法等)、定性定量分析法(包括事故树法、决策树法、因果分析法等)和定量分析法(层次分析法、神经网络法、蒙特卡洛法等),本书主要介绍层次分析法(AHP)。

1) 基本思路与流程

　　层次分析法是通过建立的工程项目层次分析风险评价模型,将复杂的风险问题分解为几个层次和若干要素,并在同一层次的各要素之间简单地进行比较、判断和计算,从而对诸多风险源进行归纳、评价和风险相对重要性程度的排序,并做一致性检验,基本流程如图7.4所示。

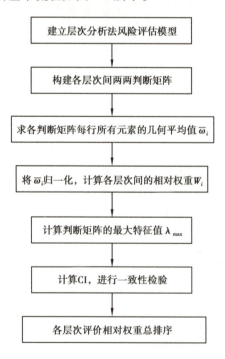

图7.4　层次分析法基本流程图

2）建立层次分析法风险评估模型

根据识别的风险,建立层次分析法风险评估模型,如图 7.5 所示,主要包括风险总目标层、风险子目标层、风险分部目标层以及风险事件目标层 4 个分层。

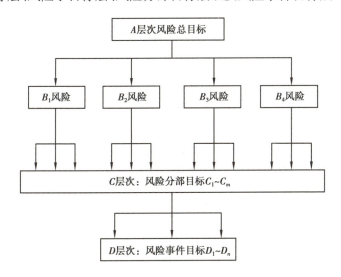

图 7.5　层次分析法风险评估模型

3）构造判断矩阵

构建了递阶层次结构后,决策就转化为层次元素排序的问题。AHP 采用重要性权值作为元素排序的评判指标。重要性权值是一种相对度量数,其数值介于 0 至 1。数值越大,表示元素越重要。最低层元素关于最高层总目标的重要性权值,是通过递阶层次从上到下逐层计算得到的:先进行层次单排序,再进行层次总排序。这个过程称为递阶层次权重解析过程。递阶层次权重解析的基础,是测算每一层次各元素关于上一层次某元素的重要性权值。这种测算是通过构造判断矩阵实现的,也就是以相邻上一层某元素为准则,该层次元素两两比较判断,按照特定的评分标准将比较结果数量化,形成判断矩阵,见表 7.2,其中 a_{ij} 表示元素 i 相对于元素 j 的重要性评分数值,评分标准见表 7.3。

表7.2 两两判断矩阵表

风险 j / 风险 i	A_1	A_2	...	A_n
A_1	a_{11}	a_{12}	...	a_{1n}
A_2	a_{21}	a_{22}	...	a_{2n}
⋮	⋮	⋮	⋮	...
A_n	a_{n1}	a_{n2}	...	a_{nn}

表7.3 因素间重要性对比表

标度	含义
1	表示两因素相比,具有同样重要性
3	表示两因素相比,一个因素比另一个因素稍微重要
5	表示两因素相比,一个因素比另一个因素明显重要
7	表示两因素相比,一个因素比另一个因素强烈重要
9	表示两因素相比,一个因素比另一个因素极端重要
2、4、6、8	上述两相邻判断中间值,如2为属于同样重要和稍微重要之间

通过对层次结构中较低一层次的各元素相对于其隶属的上一层次某元素的重要程度两两对比,从而构建判断矩阵。

4)层次单排序,并进行一致性检验

在构造判断矩阵的基础上,计算判断矩阵的最大特征值和对应的特征向量,以特征向量各分量表示该层次元素的重要性权重,这种排序称为单排序。排序计算沿着递阶层次结构,从上到下逐层进行。在实际工程中,并不要求过高的精度,方根法就是一种常用并有效的近似算法,具体步骤如下:

(1)求判断矩阵每行所有元素的几何平均值 $\overline{\omega}_i$

$i=1,2,\cdots,n,n$ 为判断矩阵阶数。

$$\overline{\omega}_i = \sqrt[n]{\prod_{j=1}^{n} a_{ij}} \tag{7.1}$$

（2）将 $\overline{\omega}_i$ 归一化

计算层次隶属于上一层次某元素的第 i 个元素重要习惯的权值 W_i：

$$W_i = \frac{\overline{\omega}_i}{\sum\limits_{i=1}^{n} \overline{\omega}_i} \tag{7.2}$$

（3）计算判断矩阵的最大特征值 λ_{max}

$$\lambda_{max} = \sum_{i=1}^{n} \frac{(AW)_i}{nW_i} \tag{7.3}$$

式中　A——判断矩阵；

　　$(AW)_i$——向量 $(A \cdot W)$ 的第 i 个元素。

（4）一致性检验

为了考察判断矩阵对各元素重要性的对比设定是否标准一致，需要在各层次单排序中进行一致性检验。当一致性比率 CR<0.10 时，判断矩阵才有满意的一致性，否则需要调整判断矩阵，直到检验通过。

其中，一致性指标、平均随机一致性指标 RI 可由表 7.4 查得。

$$CI = \frac{\lambda_{max} - n}{n - 1} \tag{7.4}$$

$$CR = \frac{CI}{RI} \tag{7.5}$$

表 7.4　平均随机一致性指标

阶数	1	2	3	4	5	6	7	8
RI	0	0	0.52	0.89	1.12	1.26	1.36	1.41
阶数	9	10	11	12	13	14	15	—
RI	1.46	1.49	1.52	1.54	1.56	1.58	1.59	—

（5）层次总排序

按照递阶层次从上到下逐层计算得到最低层风险事件关于最高层总目标的重要性权值，并进行排序。

7.2　红岩村车站工程概况

7.2.1　项目情况

重庆轨道交通 9 号线一期工程（高滩岩—兴科大道）红岩村站位于重庆市渝中区，为本线第 6 座车站。车站位于经纬大道和沙滨路之间，沿经纬大道向东敷设。车站东边为协信云栖谷小区，西边为协信阿卡迪亚小区，南向为汽配厂宿舍区，北向为规划环形道路通往沙滨路。此外，东北侧紧邻轨道交通 9 号线与红岩村纪念馆。车站四周主要为居住区和厂区，可用地块条件紧张。

红岩村站为地下两层暗挖车站。地下一层为站厅层，地下二层为站台层。红岩村站总长（内皮）262.3 m，总宽（内皮）21.8 m，中心里程处车站轨面埋深约106.37 m，车站采用13 m岛式站台，长度140 m，单拱双层结构，车站隧道采用复合式衬砌，开挖净宽24.24 m，开挖高度21.23 m。车站共设两座风道，4 个出入口（其中 2 个为预留），一个换乘通道，6 个安全出入口，均为暗挖复合衬砌结构。车站两端区间均采用钻爆法施工。

车站埋深较深，最大埋深为 100 m，地质条件较好。车站主体结构施工工法为扩大拱脚初支拱盖法，由于埋深较大，车站施工对地表及周边建构筑物影响较小。车站设计标准断面如图 7.6 所示。

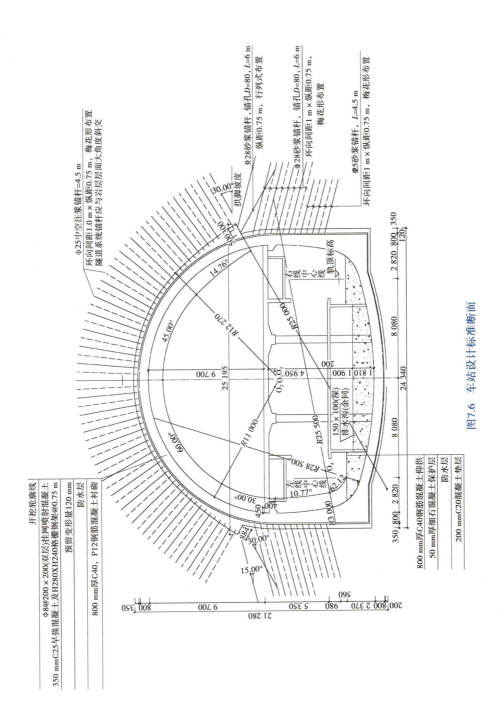

图7.6　车站设计标准断面

7.2.2 工程地质条件

拟建工程场地地貌属构造剥蚀丘陵区,地形总体特征南高北低,西高东低。场地地形陡峻,最高处高程340 m左右,最低处204 m左右,相对高差约136 m。

拟建区间出露的地层由上而下依次可分为第四系全新统填土层(Q_4^{ml})、残坡积层(Q_4^{el+dl}),侏罗系中统沙溪庙组(J_2s)沉积岩层。岩性可分为砂岩、砂质泥岩。各层岩、土特征分述如下。

(1)第四系全新统填土层(Q_4^{ml})

人工填土(Q_4^{ml}):人工填土基本上以素填土为主。素填土多为褐色、杂色,稍湿,以黏性土夹砂岩、泥岩碎(块)石为主,块、碎石粒径一般为20~500 mm,部分可达1 000 mm以上,含量20%~50%,块、碎石含量比例与深度、部位等无联系呈随机分布,一般松散~稍密,局部存在架空现象。厚度一般为0~10 m,钻孔揭示最大厚度32.81 m(钻孔ZK150),堆积方式为任意抛填,堆填时间8年以上。

(2)第四系全新统残坡积黏性土(Q_4^{el+dl})

褐色,灰褐色,可塑状。干强度中等,韧性中等,稍有光滑,无摇振反应,残坡积成因,厚度0~0.90 m。粉质黏土局部分布于场地地表及斜坡坡面,厚度一般较小。

(3)侏罗系中统沙溪庙组(J_2s)

砂质泥岩:红褐色~紫褐色为主,粉砂~泥质结构,中厚层状构造,主要矿物成分为黏土质矿物,局部含灰绿色砂质团块及条带。中等风化岩体裂隙不发育,岩体总体较完整,岩芯呈柱状~中长柱状。局部地段含砂重,强度变异性较大,岩体基本质量等级为Ⅳ级,为场地主要地层。

砂岩:灰色、灰红色,细粒结构,中厚层状构造,主要矿物成分为石英、长石及云母等,偶有钙泥质胶结。中等风化岩体裂隙不发育,岩体总体较完整,岩芯多呈柱状。岩体基本质量等级为Ⅲ~Ⅵ级。基岩强风化带厚度变化较小,基岩强风化带岩体破碎,风化裂隙发育,岩质软,岩体基本质量等级为 V 级。厚度一般为 0.5～3.5 m,局部岩芯较破碎。

图 7.7 所示为地铁车站纵断面岩层示意图。从图中可以看出,地铁车站所处地层主要为砂质泥岩,砂岩分布比较少且不均匀,回填土分布在浅层地表,对深埋隧道影响不大,因此,本书将砂质泥岩作为拟建场地唯一的岩土体进行分析。

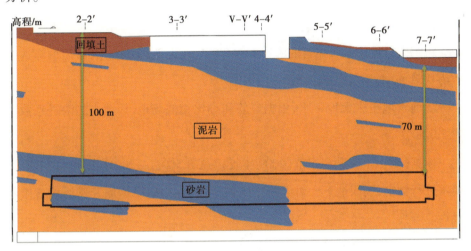

图 7.7　地铁车站纵断面岩层示意图

7.2.3　水文地质条件

拟建工程场地地形总体特征南高北低,地形起伏较大,降水从高处向低处排泄,并在地势低洼处汇集,水文地质环境总体较简单。地下水以松散孔隙水和基岩风化裂隙水为主,地下水总体较贫乏。补给源主要为冲沟和大气降水,水量大小受气候和季节性影响变化较大。

（1）松散层孔隙水

松散层孔隙水埋藏于人工填土层和残坡积层中,多为局部性上层滞水。场地内土层主要为人工填土,人工填土的分布位置相对较高,下伏岩面较陡,降水进入填土层后易于向低洼处排泄,勘察期间将孔内循环水提干后,观测恢复水位,24 h 后,基本无恢复水位,为干孔。

(2)基岩裂隙水

基岩裂隙水包括风化裂隙水和构造裂隙水。风化裂隙水分布在浅表基岩强风化带中,由大气降水补给,水量小,受季节性影响大。构造裂隙水分布在干厚层块状砂岩层中,以层间裂隙水或脉状裂隙水形式储存,泥岩相对隔水。工程区基岩中地下水水量有限,随季节有所变化,基岩裂隙水主要呈脉状或滴状,水量很小。

隧洞围岩岩体砂质泥岩的渗透系数 0.081 m/d,为微透水层;砂岩的渗透系数为 0.31 m/d,为弱透水层。

场地素填土中无地下水,根据经验和类比相似场地,素填土的渗透系数可取 2.0 m/d。

依据《岩土工程勘察规范(2009 年版)》(GB 50021—2001)12.2 节的 II 类环境水进行判定,场区地下水对混凝土结构、混凝土结构中钢筋及钢结构有微腐蚀性。

由上可知,拟建场地地下水比较缺乏,水文地质条件较好,因此,在本书研究中不考虑水的影响。

7.2.4　初支拱盖法

1)施工原理

拱盖法是在明挖法、盖挖法和洞桩法(PBA)施工方法基础上提出的适用于围岩"上软下硬"条件的一种暗挖施工方法。其适用范围一般应用于围岩等级 IV 级以上、地质条件较好的市内主要干道和不允许采用盖挖法或明挖施工的地铁车站。拱盖法的核心是通过拱脚将拱盖上部荷载均匀地传递给周边围岩,从而充分利用岩石的承载能力。目前,传统拱盖法已在大连、青岛、厦门、重庆、贵阳等地获得了成功应用。传统拱盖法采用先拱后墙的方式,拱部和边墙二衬分开施作会导致二衬结合部位出现渗水现象,同时,下部岩体的爆破开挖会造成拱盖的开裂、位移甚至拱脚不稳定而发生掉拱。因此,对车站的施工和运营都会产生不利影响。

初支拱盖法是对二衬拱盖法的进一步改进。该方法采用初支拱盖代替二衬拱盖,以达到加强拱部强度或刚度的效果,能有效地控制拱部上方土体的沉降和变形,保证隧道在施工过程中的稳定。待隧道开挖完成后,一起施作拱部和边墙二衬,在保证车站开挖安全和施工进度的同时,较好地保证了二衬和防水施工质量。

2)施工流程

图 7.8 和图 7.9 分别为隧道开挖横断面和纵断面图。隧道分三部分开挖,首先进行拱部开挖,拱部采用 CD 法施工,拱部开挖完成后进行中台阶开挖,最后进行下台阶开挖。每一部分开挖又包括几个施工工序,在施工过程中,后一工序开挖要与前一工序保持大于 5 m 的距离,此处计算取 6 m。具体施工步骤如下:

①上台阶左侧导坑上断面开挖,施做初期支护和临时支护。

②上台阶左侧导坑下断面开挖,施做冠梁和初期支护。

③上台阶右侧导坑上部断面开挖,施做初期支护。

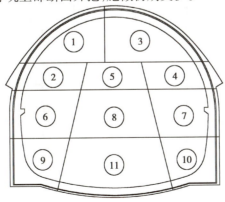

图 7.8　隧道开挖横断面图

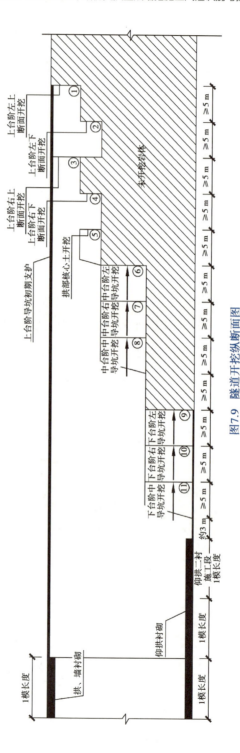

图7.9 隧道开挖纵断面图

④上台阶右侧导坑下部断面开挖,施做冠梁和初期支护。

⑤拆除上台阶临时中隔壁。

⑥开挖上台阶中部核心土。

⑦中台阶左侧导坑开挖,施做初期支护。

⑧中台阶右导坑开挖,施做初期支护。

⑨中台阶中部导坑开挖。

⑩下台阶左侧导坑开挖,施做初期支护。

⑪下台阶右导坑开挖,施做初期支护。

⑫下台阶中部导坑开挖,施做初期支护。

7.3　依托工程风险识别

7.3.1　工程结构分解

根据初支拱盖法的施工特点和工作分解原理,对施工过程进行 WBS 分解,如图 7.10 所示。

7.3.2　风险结构分解

隧道工程的风险因素包括施工风险、技术风险、管理风险和工期风险等各个方面。其中,施工风险主要考虑施工质量不合格、工人违章作业和设备不达标,技术风险主要考虑勘察和设计因素,管理风险主要考虑管理不足、违章指挥、聘用无资质人员、安全意识缺乏问题和工期问题,环境风险主要考虑地质和周围环境等因素,RBS 分解结构如图 7.11 所示。

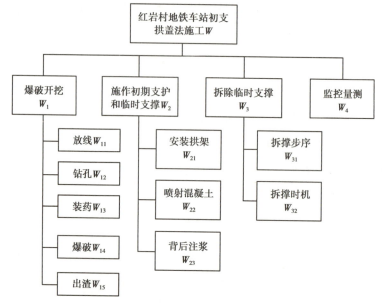

图 7.10　施工工程结构分解

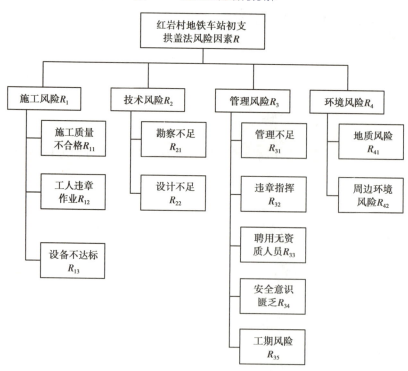

图 7.11　车站风险结构分解

7.3.3　风险清单

根据施工工作结构分解和风险结构分解，建立红岩村车站 WBS-RBS 耦合矩阵，见表 7.5。

表 7.5　车站 WBS-RBS 耦合矩阵

RBS＼WBS		W_1					W_2			W_3		W_4
		W_{11}	W_{12}	W_{13}	W_{14}	W_{15}	W_{21}	W_{22}	W_{23}	W_{31}	W_{32}	
R_1	R_{11}	1	1	1	0	0	1	1	1	0	0	1
	R_{12}	0	1	1	1	0	0	0	0	1	0	0
	R_{13}	1	1	1	0	0	0	1	0	0	0	1
R_2	R_{21}	0	0	0	0	0	1	0	0	0	0	0
	R_{22}	0	0	0	1	0	1	1	0	1	1	1
R_3	R_{31}	0	0	0	1	1	1	0	1	1	1	1
	R_{32}	0	0	0	1	0	0	0	0	1	1	1
	R_{33}	0	0	1	1	0	0	0	0	1	0	0
	R_{34}	0	0	0	1	0	0	0	0	1	0	0
	R_{35}	0	0	0	1	0	0	0	0	0	0	0
R_4	R_{41}	0	0	0	1	1	1	0	0	0	0	0
	R_{42}	0	0	0	1	1	1	0	0	0	0	0

耦合矩阵中，数字 1 表示两者耦合产生风险事故，而数字 0 表示不产生。根据耦合结果分析并统计得到 23 个风险源，风险辨识清单见表 7.6。

表 7.6　风险辨识清单

序号	风险分类	风险源
1	施工风险 A_1	爆破施工不合格 A_{11}
2		爆破影响初期支护 A_{12}
3		锚杆施工不合格 A_{13}
4		喷射混凝土厚度不足 A_{14}
5		掌子面封闭不及时 A_{15}
6		临时支撑拆除过早 A_{16}
7		单次拆撑长度过大 A_{17}
8		监测点布设不合格 A_{18}
9		监控量测不及时 A_{19}
10	技术风险 A_2	爆破设计不合理造成超欠挖 A_{21}
11		岩土参数离散性大 A_{22}
12		开挖工序设计不合理 A_{23}
13		初支设计强度不足 A_{24}
14		位移控制基准设定不合理 A_{25}
15	管理风险 A_3	管理制度不完善,未严格落实 A_{31}
16		组织架构不合理,执行力不足 A_{32}
17		人员安全意识不足 A_{33}
18		现场管理不足,施工混乱 A_{34}
19		监管缺失,问题整改不到位 A_{35}
20	环境风险 A_4	地下管线发生位移 A_{41}
21		周边建筑物发生位移 A_{42}
22		道路下沉 A_{43}
23		人防隧道变形 A_{44}

7.4 依托工程风险评估

7.4.1　建立风险评估模型

根据第 7.3 节识别出的风险清单,建立红岩村车站风险评估模型,如图 7.12 所示。

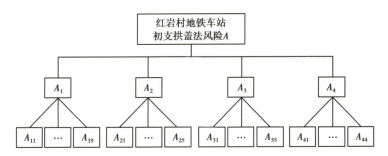

图 7.12　车站风险评估模型

7.4.2　确定层次内相对权重

本书在专家问卷调查的基础上对得到的数据进行整理和分析,采用第 7.1.3 节介绍的方法分别对各层次风险构造判断矩阵,同时采用风险权重计算公式计算在各层次中单个风险的相对权重,并进行一致性检验。各层次风险判断矩阵及一致性检验见表 7.7—表 7.11。

表 7.7　风险 A 判断矩阵

风险因素重要性	风险因素重要性				风险权重
	A_1	A_2	A_3	A_4	
A_1	1	$\frac{1}{3}$	2	4	0.242
A_2	3	1	4	6	0.552
A_3	$\frac{1}{2}$	$\frac{1}{4}$	1	2	0.134
A_4	$\frac{1}{4}$	$\frac{1}{6}$	$\frac{1}{2}$	1	0.072

计算一致指标 CR = 0.053 2<0.1,满足一致性检验要求。

表 7.8　施工风险 A_1 判断矩阵

风险因素重要性	风险因素重要性									风险权重
	A_{11}	A_{12}	A_{13}	A_{14}	A_{15}	A_{16}	A_{17}	A_{18}	A_{19}	
A_{11}	1	$\frac{1}{5}$	2	$\frac{1}{6}$	$\frac{1}{4}$	$\frac{1}{3}$	$\frac{1}{4}$	$\frac{1}{3}$	$\frac{1}{3}$	0.032
A_{12}	4	1	6	$\frac{1}{2}$	1	$\frac{1}{2}$	1	2	2	0.122
A_{13}	$\frac{1}{2}$	$\frac{1}{6}$	1	$\frac{1}{8}$	$\frac{1}{5}$	$\frac{1}{7}$	$\frac{1}{6}$	$\frac{1}{4}$	$\frac{1}{4}$	0.021
A_{14}	6	2	8	1	3	2	3	4	4	0.267
A_{15}	4	1	5	$\frac{1}{3}$	1	$\frac{1}{2}$	1	2	2	0.114
A_{16}	5	2	7	$\frac{1}{2}$	2	1	2	3	3	0.190
A_{17}	4	1	6	$\frac{1}{3}$	1	$\frac{1}{2}$	1	2	2	0.117
A_{18}	3	$\frac{1}{2}$	4	$\frac{1}{4}$	$\frac{1}{2}$	$\frac{1}{3}$	$\frac{1}{2}$	1	1	0.068
A_{19}	3	$\frac{1}{2}$	4	$\frac{1}{4}$	$\frac{1}{2}$	$\frac{1}{3}$	$\frac{1}{2}$	1	1	0.068

计算一致指标 CR＝0.068 7＜0.1，满足一致性检验要求。

表 7.9　技术风险 A_2 判断矩阵

风险因素重要性	风险因素重要性					风险权重
	A_{21}	A_{22}	A_{23}	A_{24}	A_{25}	
A_{21}	1	$\dfrac{1}{3}$	$\dfrac{1}{5}$	$\dfrac{1}{6}$	$\dfrac{1}{6}$	0.044
A_{22}	3	1	$\dfrac{1}{3}$	$\dfrac{1}{4}$	$\dfrac{1}{4}$	0.088
A_{23}	5	3	1	$\dfrac{1}{2}$	$\dfrac{1}{2}$	0.200
A_{24}	6	4	2	1	1	0.334
A_{25}	6	4	2	1	1	0.334

计算一致指标 CR＝0.075 2＜0.1，满足一致性检验要求。

表 7.10　管理风险 A_3 判断矩阵

风险因素重要性	风险因素重要性					风险权重
	A_{31}	A_{32}	A_{33}	A_{34}	A_{35}	
A_{31}	1	1	$\dfrac{1}{2}$	$\dfrac{1}{4}$	$\dfrac{1}{3}$	0.088
A_{32}	1	1	$\dfrac{1}{2}$	$\dfrac{1}{4}$	$\dfrac{1}{3}$	0.088
A_{33}	2	2	1	$\dfrac{1}{3}$	$\dfrac{1}{2}$	0.153
A_{34}	4	4	3	1	2	0.414
A_{35}	3	3	2	$\dfrac{1}{2}$	1	0.258

计算一致指标 CR＝0.084 3＜0.1，满足一致性检验要求。

表 7.11　环境风险 A_4 判断矩阵

风险因素重要性	风险因素重要性				风险权重
	A_{41}	A_{42}	A_{43}	A_{44}	
A_{41}	1	$\frac{1}{3}$	$\frac{1}{3}$	$\frac{1}{4}$	0.088
A_{42}	3	1	1	$\frac{1}{2}$	0.239
A_{43}	3	1	1	$\frac{1}{2}$	0.239
A_{44}	4	2	2	1	0.433

计算一致指标 CR＝0.086 9<0.1，满足一致性检验要求。

7.4.3　风险评估结果

按照递阶层次从上到下逐层计算得到最低层风险事件关于最高层总目标的重要性权值，并进行排序，见表 7.12。

表 7.12　风险整体权重

风险权重		A_i 层次				A_{ij} 权重	排序
A_{ij} 层次		A_1	A_2	A_3	A_4		
名称	编号	0.242	0.552	0.134	0.072		
爆破施工不合格	A_{11}	0.032				0.007 8	18
爆破影响初期支护	A_{12}	0.122				0.029 6	9
锚杆施工不合格	A_{13}	0.021				0.005 1	20
喷射混凝土厚度不够	A_{14}	0.267				0.064 7	3
掌子面封闭不及时	A_{15}	0.114				0.027 7	11
临时支撑拆除过早	A_{16}	0.190				0.045 9	6

风险权重		A_i 层次				A_{ij} 权重	排序
A_{ij} 层次		A_1	A_2	A_3	A_4		
名称	编号	0.242	0.552	0.134	0.072		
单次拆撑长度过大	A_{17}	0.117				0.028 3	10
监测点布设不合格	A_{18}	0.068				0.016 5	15
监控量测不及时	A_{19}	0.068				0.016 5	15
爆破设计不合理造成超欠挖	A_{21}		0.044			0.024 1	12
地质勘察离散性大	A_{22}		0.088			0.048 8	5
开挖工序设计不合理	A_{23}		0.200			0.110 6	2
初支设计强度不足	A_{24}		0.334			0.184 2	1
位移控制基准设定不合理	A_{25}		0.334			0.184 2	1
管理制度不完善,未严格落实	A_{31}			0.088		0.011 8	17
组织架构不合理,执行力不足	A_{32}			0.088		0.011 8	17
人员安全意识不足	A_{33}			0.153		0.020 5	13
现场管理不足,施工混乱	A_{34}			0.414		0.055 4	4
监管缺失,问题整改不到位	A_{35}			0.258		0.034 5	8
地下管线发生位移	A_{41}				0.242	0.017 4	14
周边建筑物发生位移	A_{42}				0.552	0.039 7	7
道路下沉	A_{43}				0.134	0.009 6	16
人防隧道变形	A_{44}				0.072	0.005 2	19

从表 7.12 中可以看出,风险权重大于 0.05 的风险源分别为初支设计强度不足、位移基准设计不合理、开挖工序设计不合理、岩土参数离散性大、喷射混凝土厚度不够和临时支撑拆除过早,主要集中在技术风险方面。这可能是因为初支拱盖法第一次应用于深埋地铁车站,尚未有类似工程经验作参考,在设计

方面可能存在较大不确定性。因此,需要重点关注以上风险源,并提出针对性的预防和应对措施,同时加强对初支拱盖法在深埋地层中施工安全性的研究。

7.5 本章小结

本章首先介绍了风险分析的理论,包括风险识别和风险评估的基本思路、常用方法及基本流程,接着从项目整体情况、工程地质条件、水文地质条件和施工工法等方面对红岩村地铁车站进行了简要介绍,然后基于红岩村车站的基本资料,采用 WBS-RBS 风险耦合分析法对红岩村车站初支拱盖法施工进行了风险识别,得到了施工过程中的 23 个风险源,最后采用层次分析法对识别出的风险源进行风险评估,找到了风险权重较大的风险源,为进一步的针对性研究和风险控制指明了方向。

第8章 初支拱盖法围岩稳定及破坏特征研究

第7章采用WBS-RBS风险耦合分析法对红岩村车站初支拱盖法施工进行了风险识别,并在此基础上对识别出的风险源进行了风险评估,找出了对初支拱盖法施工影响较大的风险因素。本章将采用有限元软件Midas GTS NX建立二维模型,分析施工过程中围岩的稳定和破坏特征,明确软岩地层中深埋地铁车站采用初支拱盖法施工的关键工序和隧道的破坏模式。

8.1 二维分析模型

8.1.1 模型建立

根据《公路隧道设计细则》(JTG/T D70—2010)在采用有限单元法对隧道支护结构进行计算时,计算区域的左右边界应在离相邻侧隧道毛洞壁面的距离为3~5倍以上毛洞跨度的位置上设置,下部边界离隧道毛洞底面的距离应为隧道毛洞高度的 3~5 倍及以上,上部边界宜取至地表。红岩村车站最大埋深为 100 m,最小埋深为 70 m,开挖净宽为 24.24 m,开挖高度为 21.23 m。为了尽可能地减小边界效应对计算结果的影响,模型左右边界距相邻侧毛洞洞壁的距离取 90 m,毛洞拱顶距上边界取车站埋深的平均值 85 m,毛洞地面距下边界的高度取 65 m。因此,模型尺寸为长 204.24 m,高 171.23 m。

岩土和支护结构全部采用平面应变单元模拟。岩土主要为中风化砂质泥岩,采用理想弹塑性本构模型,以摩尔库伦准则为屈服准则。初期支护和临时支护采用弹性模型。

模型上表面为自由边界,左右边界采用法向位移约束,底部边界采用三向位移约束。

为了提高计算精度,模型网格划分采用混合网格生成器,共生成 2 315 个单元、2 296 个节点,网格最小尺寸为 1 m,如图 8.1 所示。

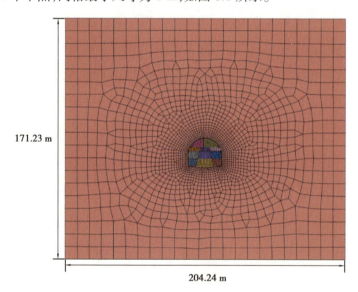

图 8.1　二维分析模型

隧道的开挖和支护通过激活和钝化功能来实现。

8.1.2　参数确定

根据地勘报告、《铁路隧道设计规范》(TB 10003—2016)及其他工程经验确定的岩土物理力学参数,见表 8.1。

表 8.1　岩土物理力学参数

岩土类别	重度 $\gamma/(kN \cdot m^{-3})$	弹性模量 E/GPa	泊松比 ν	内摩擦角 $\varphi/(°)$	黏聚力 c/kPa	抗拉强度 R_t/kPa
砂质泥岩	25.5	2.043	0.37	32	648	150

初期支护和临时支护是由混凝土和格栅拱架或钢拱架共同组成的支护结构。为简便起见,计算时分别将格栅拱架或钢拱架与混凝土看成一个均质体来考虑。依据抗弯刚度等效原则,利用式(8.1)得到初期支护和临时支护的等效弹性模量。

$$E = \frac{E_1 I_1 + E_2 I_2}{I} \tag{8.1}$$

式中　E——折算后初期支护或临时支护的弹性模量;

　　　$E_1 I_1$——喷射混凝土的弹性刚度;

　　　$E_2 I_2$——格栅拱架或钢拱架的刚度;

　　　I——初期支护或临时支护的惯性矩。

通过计算得到的支护结构物理力学参数见表 8.2。

表 8.2　支护结构物理力学参数

支护类型	支护形式				重度 $\gamma/(kN \cdot m^{-3})$	弹性模量 E/GPa	泊松比 ν	厚度 /mm
	钢材		混凝土					
	型号	间距	形式	强度				
初期支护	H280×240	0.75 m	喷射	C25	22	24.5	0.2	渐变
临时支护	工 25b	0.75 m	喷射	C25	22	26.8	0.2	350
锚杆	系统锚杆/锁脚锚杆/边墙锚杆				78.5	210	0.3	—

8.1.3　计算假定

计算主要基于以下假设：

①围岩的变形是各向同性的。

②初始应力状态只考虑自重应力，不考虑构造应力。

③为了较为真实地模拟隧道施工过程，采用了荷载释放系数模拟每个开挖步开挖面空间效应以及支护施作时间的影响。郑颖人等认为当荷载释放达到90%后，就可施作二衬。因此，确定围岩开挖和初期支护施作阶段的释放系数和为0.9，按照工程经验，开挖释放系数为0.5，喷锚初期支护释放系数为0.2，喷射混凝土的硬化释放系数为0.2。

8.2　围岩稳定性分析

8.2.1　围岩位移

（1）围岩水平位移

图8.2所示为隧道开挖完成后围岩水平位移云图。从图中可以看出，隧道开挖完成后，隧道围岩的最大水平位移主要集中在边墙位置，且位移指向隧道内部，说明隧道开挖完成后，在应力的作用下，两侧边墙产生收敛。边墙左侧最大水平位移为16.0 mm，边墙右侧最大水平位移为16.8 mm。

（2）围岩竖向位移

图8.3所示为隧道开挖完成后围岩竖向位移云图。从图中可以看出，隧道

开挖完成后,围岩竖向位移主要集中在拱顶和隧道底部。拱顶竖向位移主要表现为下沉,最大下沉位移为 19.8 mm,隧道底部竖向位移主要表现为隆起,最大隆起位移为 27.0 mm。

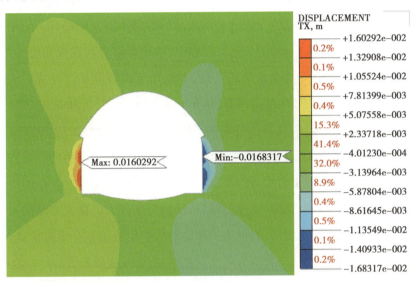

图 8.2　围岩水平位移云图

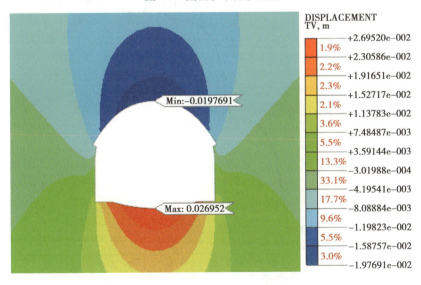

图 8.3　围岩竖向位移云图

8.2.2　施工关键工序

图 8.4 所示为拱顶沉降随施工步序变化曲线图。从图中可以看出,随着施工的进行,隧道拱顶沉降基本呈先逐步增大后保持基本不变的趋势。施工完成后,拱顶最终沉降为19.8 mm。在施工过程中,拱顶位移有两次大幅度的增长,分别在开挖-3(拱部右导坑上台阶的开挖)和临时支撑拆除工序完成后。开挖-3完成后,相比上一步序,拱顶位移增加6.6 mm,占拱顶最终沉降的 33.33%。拆撑完成后,相比上一步序,拱顶位移增加 5.8 mm,占拱顶最终沉降 29.30%。由此说明,初支拱盖法施工过程中的主要施工工序为拱部右侧导洞的开挖和临时支撑拆除。拱部右导坑上台阶开挖完成后,拱顶产生较大位移主要是因为开挖对拱顶直接卸载导致的。临时支撑拆除后,拱顶产生较大位移主要是因为在拱部开挖过程中,已形成由围岩、初期支护和临时支护组成的组合承载模式,拆撑后,承载模式发生突变,初支和围岩所受荷载增加,导致变形增大。

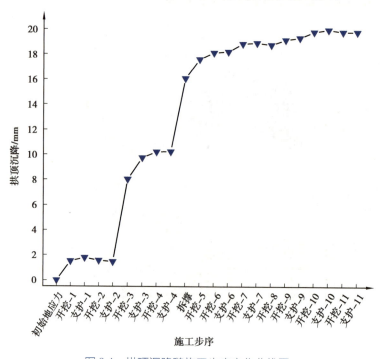

图 8.4　拱顶沉降随施工步序变化曲线图

8.2.3　围岩应力

（1）围岩主应力

图 8.5 所示为隧道开挖完成后围岩最小主应力云图。从图中可以看出，仰拱底部围岩全部受拉，边墙和拱部围岩部分区域出现拉应力，但最大拉应力为96.8 kPa，远小于围岩的极限抗拉强度 150 kPa，不会发生受拉破坏。

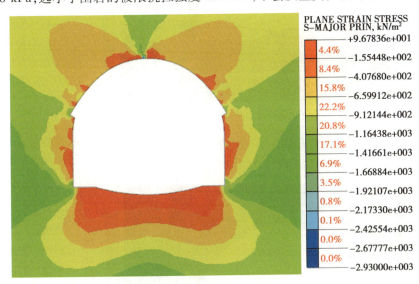

图 8.5　围岩最小主应力云图

图 8.6 所示为隧道开挖完成后围岩最大主应力云图。从图中可以明显看到，洞周围岩最大主应力主要集中在拱脚和边墙部位，说明拱脚和边墙处围岩受到较大压应力。主要是因为拱盖施作完成后，隧道拱部围岩载荷通过拱盖传递到拱脚进而传给边墙两侧围岩，因此需要重点关注。围岩最大主应力为6.859 MPa，远小于围岩的极限抗压强度，不会发生受压破坏。

（2）围岩最大剪应力云图

图 8.7 所示为隧道开挖完成后围岩最大剪应力云图。从图中可以看出隧道开挖完成后，洞周围岩最大剪应力主要集中在拱脚和边墙两侧围岩中，最大剪应力为 3.056 MPa。说明拱盖有效地将拱部围岩荷载传递到拱脚和下部两侧围

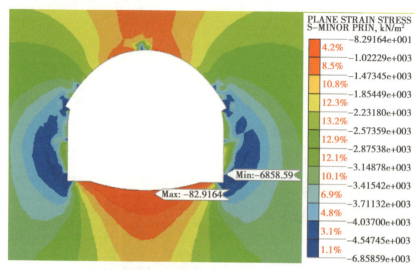

图 8.6　围岩最大主应力云图

岩,拱脚和下部两侧围岩受到较大剪力,也说明拱脚和两侧边墙为隧道施工过程中的薄弱部位,需要进行重点监测和支护。

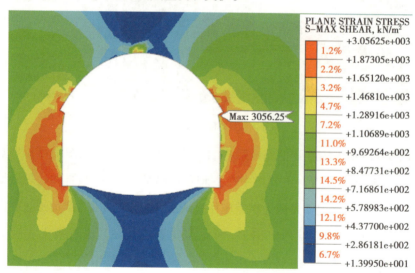

图 8.7　围岩最大剪应力云图

8.2.4　围岩塑性区

图 8.8 所示为隧道开挖完成后围岩塑性区云图。从图中可以发现,隧道开

挖完成后,围岩塑性区主要集中在边墙两侧。拱脚处在施工过程中也出现了塑性区,只不过随着开挖的进行,应力重新分布,拱脚应力减小,再次处于弹性状态。拱顶围岩由于在拆撑之前受到临时支护的压力,处于塑性状态,当临时支护拆除后再次处于弹性状态。围岩塑性区分析结果与围岩应力分析结果相吻合,说明在软岩地层中初支拱盖法施工过程中,拱脚和边墙是薄弱部位,需要重点监测和加强支护。

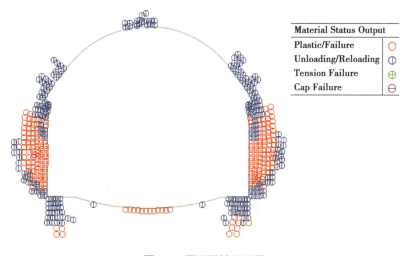

图 8.8　围岩塑性区云图

8.3　围岩破坏模式

8.3.1　强度折减法

有限元强度折减法最早由英国力学家辛克维兹于 1975 年提出,其核心是采用数值分析方法求解极限问题。不同于传统极限分析法需要提前假定破坏面,有限元强度折减法通过不断降低岩土体的强度,同时进行弹塑性数值计算,直至岩土体出现破坏,计算过程中可自动生成破坏面。降低岩土体强度主要通过折减岩土体的黏聚力 c 和内摩擦因数 $\tan \varphi$ 来实现,岩土体达到极限破坏状态时的折减系数即为岩土工程的安全系数。

按照摩尔库伦准则,强度折减安全系数可以定义为:

$$\tau' = \frac{c + \sigma \tan \varphi}{\omega} = c' + \sigma \tan \varphi' \tag{8.2}$$

$$c' = \frac{c}{\omega} \tag{8.3}$$

$$\tan \varphi' = \frac{\tan \varphi}{\omega} \tag{8.4}$$

有限元强度折减法首先在边坡、地基等地下工程中取得了广泛应用,郑颖人等创造性地将这一方法引入隧道围岩稳定性分析中,不仅可以求出围岩的稳定安全系数,还可以求出围岩破坏面的位置与形态。由于隧道的破坏类型主要是剪切破坏,因此本书主要介绍折减抗剪强度。

8.3.2 稳定性判据

目前,边坡失稳的判据主要有 3 类:

①特征点处的位移发生突变。

②广义塑性应变和等效塑性应变从坡脚到坡顶贯通。

③数值计算结果不收敛。

已有研究表明,单一点的屈服并不代表岩土体承载能力的丧失,塑性区不是破坏区,塑性区的贯通并不意味着破坏已经发生,塑性区贯通只是破坏的必要条件而非充分条件。而滑面上特征点的位移突变则往往伴随着计算结果的不收敛,因此在边坡工程中,主要以特征点突变和数值结果计算不收敛作为失稳判据。

本书隧道稳定性分析采用隧道洞周特征点突变作为隧道失稳判据。通过强度折减,获得洞周特征点在不同折减系数条件下的位移,通过分析洞周特征点位移的变化过程,找到位移突变点,突变点所对应折减系数即为隧道安全系数。此时,隧道所处的状态即为极限平衡状态。围岩发生破坏时,必然会引起破裂面上的位移和塑性应变发生突变。根据这一特征,可以先在隧道断面内截取几个断面,找到各个断面上的突变点,然后将各突变点连接起来,这条线就是破坏面的位置。

8.3.3　毛洞破坏模式

表 8.3 展示了不同折减系数下毛洞的洞周特征点位移,图 8.9 所示为毛洞洞周特征点位移随折减系数的变化曲线图。从表 8.3 可以看出,随着折减系数的增大,即岩土强度的不断降低,洞周位移不断增大。从图 8.9 可以进一步看出,隧道洞周特征点位移随折减系数的变化趋势基本一致,当折减系数较小时,特征点位移增加幅度较小,当折减系数增大到某一临界值时,特征点位移的增加幅度明显增大,折减系数临界值所对应的状态即为隧道极限平衡状态。通过对洞周各特征点的位移变化曲线进行对比可以发现,毛洞左拱腰和左拱脚的位移变化曲线最陡,其次是边墙中点,拱顶和仰拱中点的位移变化曲线比较平缓。曲线越陡表示随着岩土抗剪强度的降低,特征点产生的变形越大,越容易发生失稳破坏。因此,在毛洞条件下,拱腰和拱脚处最容易发生破坏,其次是边墙。毛洞破坏主要由拱腰、拱脚和边墙中点位移控制。

表 8.3　不同折减系数下毛洞洞周特征点位移

折减系数	洞周特征点位移/mm				
	拱顶	左拱腰	左拱脚	边墙中点	仰拱中点
1	21.1	18.3	11	14.9	26.7
1.1	22.1	19.4	13	18.2	27.2

续表

折减系数	洞周特征点位移/mm				
	拱顶	左拱腰	左拱脚	边墙中点	仰拱中点
1.2	23.3	21.5	16.5	21.8	27.8
1.3	24.7	24.3	21.4	26	28.4
1.4	26.2	28.2	27.5	30.4	29.1
1.5	28.1	33.5	35.2	35.4	29.9
1.6	30.2	41.4	44.5	41.3	30.7
1.7	32.9	51.9	54.8	47.6	31.6
1.8	36.9	64.6	65.8	54.8	32.7
1.9	43.4	79.6	77.7	63	33.8
2	54	97.1	91.1	73	35.7

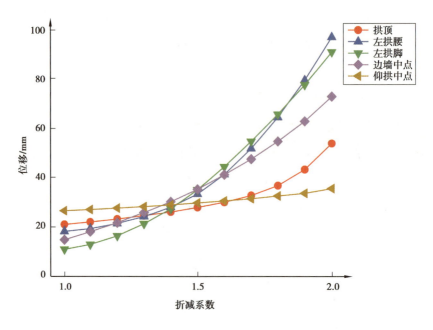

图 8.9　毛洞洞周特征点位移随折减系数变化曲线图

仔细观察图 8.9 中左拱腰和左拱脚的位移变化曲线可以发现,当折减系数为 1.6 时,左拱腰和左拱脚处位移出现突然增大,说明毛洞已经出现失稳,因此,折减系数为 1.5 时,毛洞所处状态为极限平衡状态。查看其毛洞极限平衡状态下的最大剪应变云图,如图 8.10 所示,可以看出毛洞洞周最大剪应变集中分布在拱腰、拱脚和边墙部位,说明毛洞破坏时拱腰、拱脚和边墙部位都产生了较大变形。图 8.10 中黑色曲线即为毛洞破坏时的潜在破裂面,这与毛洞洞周特征点位移随折减系数变化曲线的分析结果相吻合。

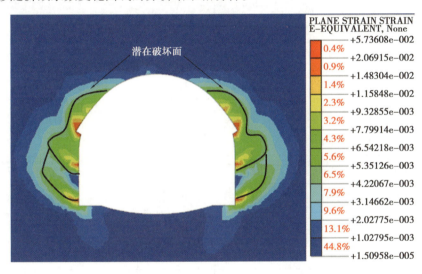

图 8.10　毛洞极限平衡状态下等效应变云图

8.3.4　初支拱盖法施工隧道的破坏模式

表 8.4 展示了不同折减系数下施作初期支护后隧道洞周特征点的位移,图 8.11 所示为隧道洞周特征点位移随折减系数的变化曲线图。从表中可以看出,随着折减系数的增大即岩土强度的不断降低,洞周位移不断增大。从图 8.11 中可以进一步看出,隧道洞周特征点位移随折减系数的变化趋势基本一致,当折减系数较小时,特征点位移增加幅度较小,当折减系数增大到某一临界值时,特征点位移的增加幅度明显增大,折减系数临界值所对应的状态即为隧道极限平

衡状态。将洞周各特征点的位移变化曲线进行对比可以发现,边墙中点位移变化曲线最陡,左拱脚和仰拱中点次之,拱顶和左拱腰的最平缓。这说明随着岩土抗剪强度的不断降低,边墙中点产生的变形最大,最容易发生失稳破坏。表明采用初支拱盖法施工的隧道,其破坏由边墙控制。

表 8.4 不同折减系数下隧道洞周各特征点的位移

折减系数	洞周特征点位移/mm				
	拱顶	左拱腰	左拱脚	边墙中点	仰拱中点
1	19.8	16.5	8.5	10.8	27
1.1	20	16.8	9.8	13.1	27.2
1.2	20.3	17.3	11.2	15.1	27.5
1.3	20.7	17.8	12.8	17.3	27.8
1.4	21.1	18.5	14.5	19.9	28.2
1.5	21.6	19.3	16.6	23.1	28.7
1.6	22.3	20.4	19	26.7	29.3
1.7	23.3	21.8	22.2	31.5	30
1.8	24.7	23.5	25.7	37.4	31.5
1.9	27	25.6	30.2	44.9	35.6
2	29.7	28.2	35.8	53.6	41.6
2.1	32.7	31.5	42.5	63.4	48.8
2.2	36.2	35.5	50.9	74.9	57.7
2.3	41.1	40.6	61.2	88.5	68.6
2.4	46.9	47	73.8	103.9	81.6
2.5	53.6	54.9	88.7	121.4	94.9

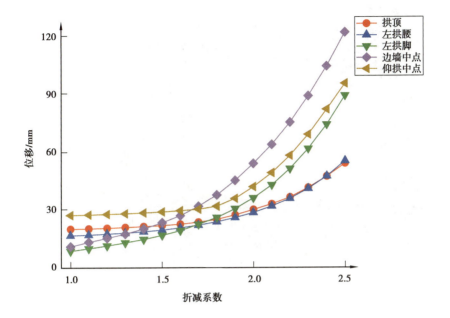

图 8.11　隧道洞周特征点位移随折减系数变化曲线图

仔细观察图 8.11 中边墙中点的位移变化曲线可以发现,当折减系数为 1.9 时,边墙中点位移出现突然增大,说明此时隧道已经出现失稳。因此,当折减系数为 1.8 时,隧道所处状态为极限平衡状态。查看其极限平衡状态下的等效应变云图,如图 8.12 所示,可以看出初支拱盖法施工隧道最大剪应变主要集中在边墙位置,说明采用初支拱盖法施工时,隧道会首先在边墙发生破坏,而拱盖顶部岩体不会发生破坏,图中黑色曲线即为隧道破坏时的潜在破裂面。这与毛洞拱腰、拱脚和边墙发生破坏形成了对比,也说明了采用初支拱盖法施工时,拱盖有效地阻止了拱顶围岩的破坏,这与洞周特征点位移随折减系数变化曲线的分析结果相吻合。

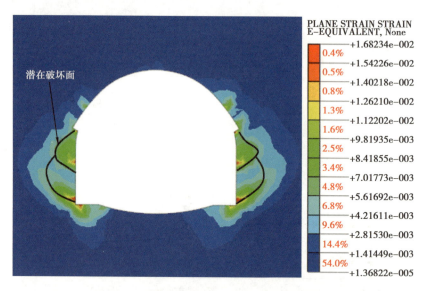

图 8.12　隧道极限平衡状态下的等效应变云图

8.4　本章小结

　　本章以红岩村车站为依托,通过 Midas GTS NX 建立了二维平面模型,对在软岩地层中采用初支拱盖法施工的深埋地铁车站的围岩稳定性和破坏模式进行了研究。

　　①分析了施工完成后隧道洞周的围岩位移,了解了围岩的变形特征,并以拱顶沉降为观测指标,找到了初支拱盖法施工的关键工序。

　　②通过分析施工完成后隧道洞周的围岩应力和塑性区,找到了施工过程中的重点监测和支护部位。

　　③采用强度折减法,分析了毛洞和初支拱盖法施工隧道的破坏模式,并通过对比说明了拱盖的有效性。

第9章 初支拱盖法施工工序优化与拆撑时机研究

根据第7章风险评估的结果,在红岩村车站施工过程中,开挖工序设计不合理以及临时支撑拆除过早会对施工安全造成较大影响,且第8章研究表明拱部右导坑上台阶开挖和临时支撑拆除为施工关键工序。因此,本章分别进行了施工工序和拆撑时机的针对性研究,以降低施工过程中风险事件的发生概率和造成的损失,同时,提高施工效率。

9.1 三维数值模型

9.1.1 模型建立

根据实际工程结构和施工设计资料,采用 Midas GTS NX 建立三维数值分析模型。为了减小边界效应对计算结果的影响,确定的模型尺寸为长×高 = 204.24 m×171.23 m,为了能模拟完整的施工过程,同时保证计算效率,取模型纵向长度为 72 m。

岩土和支护结构全部采用实体单元,锚杆采用植入式桁架,锚杆纵向间距都为 0.75 m。岩土主要为中风化砂质泥岩,采用理想弹塑性本构模型,以摩尔库伦准则为屈服准则。初期支护和临时支护采用弹性模型。

模型上表面为自由边界,前后左右边界采用法向位移约束,底部边界采用三向位移约束。

为了提高计算精度,模型网格划分采用混合网格生成器,网格最小尺寸为 1 m,最终生成 71 171 个单元、74 740 个节点,模型如图 9.1 所示。

隧道的开挖和支护通过激活和钝化功能来实现。每一开挖步单次掘进长度为 3 m,每一施工工序超前后一施工工序 6 m。

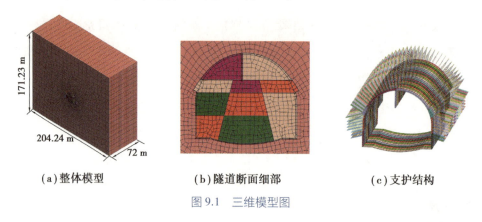

(a) 整体模型   (b) 隧道断面细部   (c) 支护结构

图 9.1　三维模型图

9.1.2　计算假定

计算主要基于以下假设:

①围岩的变形是各向同性的。

②初始应力状态只考虑自重应力,不考虑构造应力。

③在模拟隧道开挖施工过程中,可以采用应力释放系数模拟洞周初始应力在空间和时间上的作用效应。根据工程经验,初始地应力的应力释放系数可按如下规定:开挖释放系数为 0.5,喷锚初期支护释放系数为 0.25,喷射混凝土的硬化释放系数为 0.25。

9.1.3　计算参数

根据 8.1.2 节中关于红岩村车站围岩物理力学参数的介绍和等效计算,本章采用的围岩与支护结构的物理力学参数见表 9.1。

表 9.1　围岩与支护结构物理力学参数

材料	重度 $\gamma/(\mathrm{kN}\cdot\mathrm{m}^{-3})$	弹性模量 E/GPa	泊松比 ν	内摩擦角 $\varphi/(°)$	黏聚力 c/kPa	抗拉强度 R_t/kPa
砂质泥岩	25.5	2.043	0.37	32	648	150
初期支护	22	24.5	0.2	—	—	—
临时支护	22	26.8	0.2	—	—	—
锚杆	78.5	210	0.3	—	—	—

9.2　拱部左、右导坑开挖工序优化

9.2.1　施工方案

图 9.2 所示分别为初支拱盖法拱部左、右导坑开挖的原设计和优化方案。

优化方案 1:相比于原设计方案,本方案先开挖拱部左、右导坑上台阶,然后开挖左、右导坑下台阶。

优化方案 2:相比于原设计方案,本方案主要将拱部左、右导坑分两步开挖

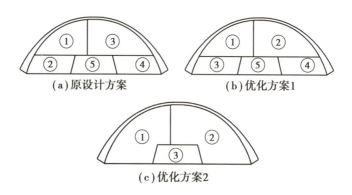

图 9.2　拱部左、右导坑开挖原设计和优化方案

变为一步开挖。这一优化的好处在于增大了拱部施工空间,减少了施工步序,提升了开挖效率。

9.2.2　计算结果分析

对上述 3 种拱部左、右导坑开挖方案分别进行数值模拟,为了保证结果的准确性和对比的有效性,各分析模型完全相同,仅在拱部左右开挖时施工步序不同,在模拟过程中,隧道拱部左、右导坑全部开挖贯通。为了减小端部效应的影响,取隧道中段即 $Y=36$ m 处数据进行分析。

(1)洞周竖向位移

图 9.3 所示为拱部左、右导坑各开挖方案洞周围岩的竖向位移云图。从图 9.3 中可以看出,采用不同的开挖方案,隧道洞周围岩的竖向变形规律基本一致,主要表现为拱顶下沉和底部隆起。其中,由于施作了临时支撑,且位置靠左,拱部左、右导坑开挖完成后,洞周围岩最大竖向位移出现在右侧拱肩附近。采用原设计方案时,拱部最大沉降为 13.56 mm。采用优化方案 1 时,拱部最大沉降为 13.78 mm,比原设计方案大 0.22 mm,约增加 1.6 %,这可能是因为拱部左导坑上台阶开挖完成后接着开挖右导坑上台阶,开挖形成的断面高跨比要比原设计方案小,在围岩应力分配过程中造成拱部应力增大,进而造成拱部竖向位移增大。采用优化方案 2 时,拱部最大沉降为 13.98 mm,比原设计方案大

0.42 mm,约增加 3.1%,这可能是因为拱部左、右导坑分别一次开挖完成,一次开挖断面比原设计要大,开挖断面大造成初期支护的施作比较滞后,相比原设计方案,围岩产生大的应力释放,承受了较大的荷载,因此竖向位移也比较大。

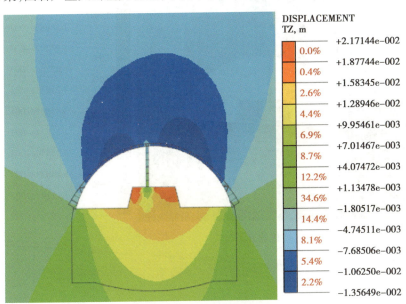

(a)原设计方案

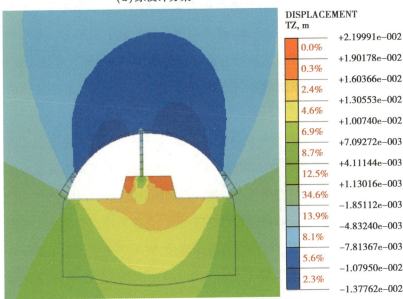

(b)拱部优化方案1

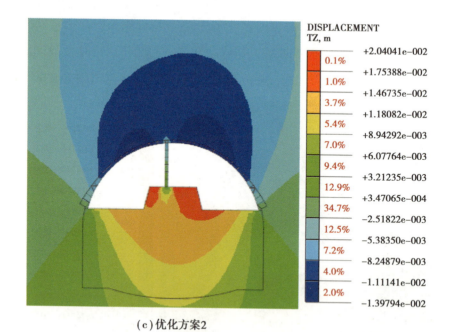

（c）优化方案2

图9.3　拱部左、右导坑各开挖方案洞周围岩的竖向位移云图

（2）围岩主应力

图9.4所示为拱部左、右导坑各开挖方案洞周围岩的最小主应力云图。从图中可以看出，采用不同开挖方案，隧道洞周围岩的最小主应力分布规律基本一致。洞周围岩的最小主应力全部为负值，说明拱部左、右导坑开挖完成后，洞周围岩全部受压，未出现受拉区域。因此在主应力分析中，主要分析最大主应力。

图9.5所示为拱部左、右导坑各开挖方案洞周围岩的最大主应力云图。从图中可以看出，采用不同开挖方案，隧道洞周围岩的最大主应力分布规律基本一致。洞周围岩最大主应力出现在两侧拱脚和临时支撑顶部位置，拱脚应力大是因为拱盖将拱部围岩荷载传递到拱挖脚，临时支撑顶部位置应力大是因为临时支撑的反作用力。说明这些地方为薄弱部位，需重点关注。采用原设计方案时，临时支撑顶部位置围岩最大主应力为 6.175 MPa，左右拱脚位置分别为5.466 MPa和5.487 MPa。采用优化方案 1 时，临时支撑顶部位置围岩最大主应

力为 6.018 MPa，左右拱脚位置分别为 5.413 MPa 和 5.466 MPa。相比于原设计方案，3 处位置的最大主应力均有一定程度的减小。这可能是因为拱部左、右导坑交叉开挖，使围岩应力的释放和分布更加均匀。采用优化方案 2 时，临时支撑顶部位置围岩最大主应力为 6.252 MPa，左右拱脚位置分别为 5.756 MPa 和 5.796 MPa。相比于原设计方案，3 处位置的最大主应力均有一定程度的增加，因为拱部左、右导坑分别一次开挖完成，一次开挖断面比原设计要大，开挖断面

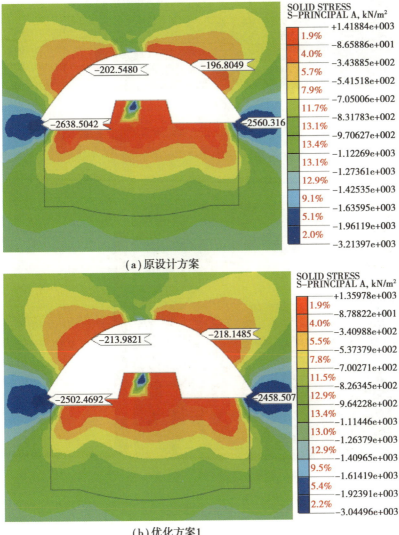

（a）原设计方案

（b）优化方案1

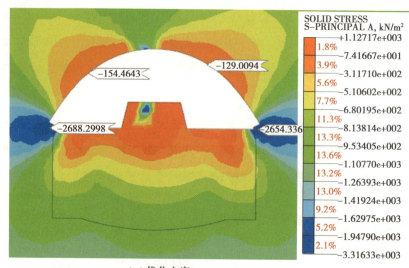

（c）优化方案2

图9.4　拱部左、右导坑各开挖方案洞周围岩最小主应力云图

大造成初期支护的施作比较滞后,相比原设计方案,围岩产生大的应力释放,承受了较大的荷载。

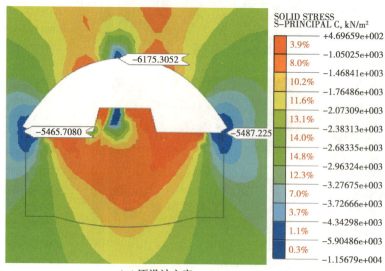

（a）原设计方案

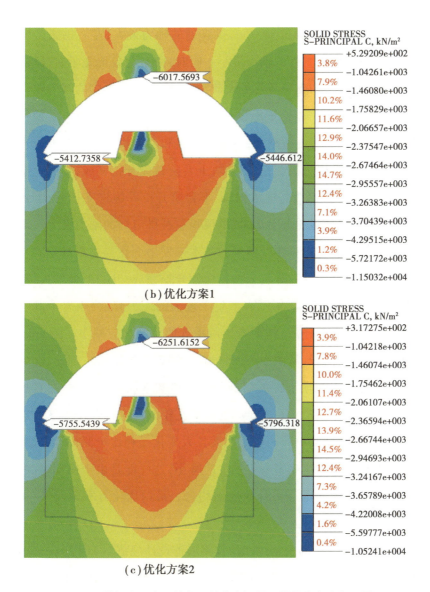

（b）优化方案1

（c）优化方案2

图 9.5　拱部左、右导坑各开挖方案洞周围岩最大主应力云图

（3）拱部初期支护受力

图 9.6 所示为拱部左、右导坑各开挖方案洞周特征点初期支护的受力曲线。图 9.6（a）为初期支护轴力曲线，从图中可以看出采用 3 种方案将拱部左、右导坑开挖完成后，各特征点初期支护的轴力分布规律基本相同，由于拱

盖将拱部荷载传递到拱脚位置,左右拱脚处的轴力最大,左右拱腰的轴力次之,拱顶和左右拱肩位置处的轴力最小。同时,由于左导坑先于右导坑开挖,左导坑初支较右导坑初支将承受更大荷载,左拱腰和左拱脚的轴力要大于右拱腰和右拱脚的轴力。相比于原设计方案,采用优化方案1时,拱顶和左右拱肩处的轴力有一定程度的增大,而左右拱腰和左右拱脚处的轴力有一定程度的减小,这可能是因为拱部左、右导坑上台阶首先开挖完成,围岩荷载主要由拱部上台阶围岩和初期支护承担,而下台阶开挖并施作支护后,下台阶初期支护才承载。采用优化方案2时,拱顶和左右拱肩处的轴力发生一定程度的减小,左右拱脚和左右拱腰处的轴力基本未发生变化。拱顶和左右拱肩处轴力减小是因为拱部左、右导坑分别一次性开挖完成,开挖断面增大,造成初期支护的施作相对滞后,洞周围岩产生了较大的应力释放,围岩承载了较多的应力,当初期支护施作后,初期支护可承载的应力相应减小。图9.6(b)所示为初期支护弯矩曲线,从图中可以看出,采用3种方案将拱部左、右导坑开挖完成后,各特征点初期支护的弯矩分布规律基本相同。拱顶、左右拱肩和左右拱腰的弯矩都比较小,左右拱脚的弯矩比较大。除左拱脚外,3种拱部开挖方案各特征点初期支护处的弯矩都无较大变化。相比于原设计,采用优化方案1时,左拱脚弯矩产生了一定程度的减小,这可能是由于拱部左、右导坑交叉开挖,使洞周围岩的应力释放更加均匀。采用优化方案2时,左拱脚弯矩产生了较大幅度的增加。

为了保证初期支护的安全,采用《铁路隧道设计规范》(TB10003—2016)中的破损阶段法来对各施工方案下的初期支护内力进行分析,求得相应的安全系数。通过计算可发现,初期支护全部为小偏心受压构件。因此,采用以下公式计算安全系数。

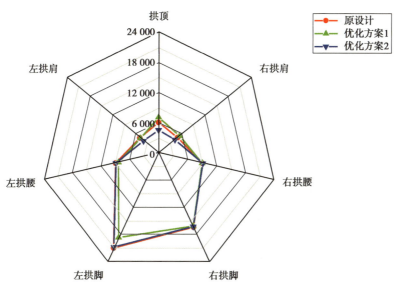

（a）轴力（单位：kN）

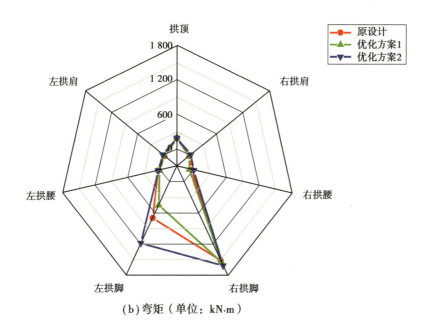

（b）弯矩（单位：kN·m）

图 9.6　拱部左、右导坑各开挖方案洞周特征点初期支护受力

$$KNe \leqslant 0.5R_a bh_0^2 + R_g A_g' (h_0 - a') \tag{9.1}$$

$$KNe' \leqslant 0.5R_a bh'^2 + R_g A_g (h_0' - a) \tag{9.2}$$

式中　K——安全系数；

　　　N—轴力；

　　　e, e'——钢筋 A_g 和 A_g' 的重心到轴向力作用点的距离；

　　　R_a——混凝土的抗压极限强度；

　　　b——矩形截面的宽度；

　　　h_0——截面的有效高度；

　　　h_0'——钢筋 A_g, A_g' 的重心间的距离；

　　　R_g——钢筋的抗压或抗拉计算强度；

　　　A_g, A_g'——受拉和受压区的钢筋截面面积；

　　　a, a'——自钢筋 A_g, A_g' 的重心分别至截面最近边缘的距离。

安全系数的计算结果见表 9.2。从支护结构整体来看,拱部左、右导坑开挖完成后,拱顶、左右拱腰和左右拱脚的安全系数较拱肩要小,较拱肩部位偏不安全,需重点关注。相比于原设计方案,采用优化方案 1 时,拱顶和左拱肩的安全系数出现一定程度的减小,拱脚和拱腰部位有小幅增长,这主要是由于拱部左、右导坑上台阶首先开挖完成,拱顶和拱肩处初期支护较原设计承担了较大的荷载,而下台阶后开挖完成并施作初期支护后,拱腰和拱脚初支才开始发挥作用,承担荷载较小。采用优化方案 2 时,拱顶和拱肩位置处的安全系数出现较大幅度的增长,其他位置处的安全系数基本保持不变,相比于原设计方案,结构安全度有较大提高,这主要是因为采用优化方案 2 时,拱部左、右导坑分别一次性开挖完成,开挖断面增大,造成初期支护的施作相对滞后,洞周围岩产生了较大的应力释放,围岩承载了较多的应力,当初期支护施作后,初支支护承载的应力较小。

表 9.2　拱部左、右导坑开挖各方案洞周特征点初期支护的安全系数

洞周特征点	原设计			优化方案 1			优化方案 2		
	轴力/kN	弯矩/(kN·m)	安全系数	轴力/kN	弯矩/(kN·m)	安全系数	轴力/kN	弯矩/(kN·m)	安全系数
拱顶	6 100	187	2.93	7 100	211	2.53	4 580	190	3.63
左拱肩	4 850	−16.6	4.51	4 700	−18.5	4.64	3 890	22.5	5.52
右拱肩	4 940	−13.7	4.45	5 470	−12.9	4.04	4 240	24.8	5.06
左拱腰	8 930	42.9	2.9	8 330	19.1	3.15	8 870	40.3	2.92
右拱腰	9 050	−26.6	2.89	9 010	−67.7	2.83	9 150	10.2	2.89
左拱脚	20 900	694	2.66	18 600	446	3.05	20 700	1 180	2.57
右拱脚	16 300	1 510	3.07	16 100	1 540	3.09	16 200	1 610	3.05

9.2.3　方案选择

上一节进行了拱部左、右导坑各种开挖方案关于洞周围岩竖向位移、围岩主应力以及支护结构受力的对比分析,从中得知采用两种优化方案时,拱部洞周围岩竖向位移都出现了一定程度的增大,但增大幅度都比较小,在可接受范围内。从围岩主应力和支护结构受力方面来看,优化方案 1 的围岩主应力分布与原设计基本相同,说明围岩自身承担的荷载基本相同,但由于优化方案 1 首先开挖并支护左、右导坑上台阶,上台阶初支受力有一定程度的增大,下台阶初支受力有所减小。优化方案 2 拱部左、右导坑分别一次开挖完成,开挖断面较原设计和优化方案 1 都大,使初期支护的施作比较滞后,充分发挥了围岩的自承载能力,因此,围岩的主应力较大,初期支护受力较小,安全系数增大,虽然围岩主应力增大,但仍然有较大的受压安全度。此外,采用优化方案 2 增大了拱

部施工空间,减少了施工步序,提升了开挖效率。从洞周围岩位移、围岩主应力、支护结构受力以及施工效率等方面综合考虑,选用优化方案 2 作为拱部左、右导坑的开挖方案。

9.3 临时支撑拆除时机

在 8.2.2 小节中,通过分析得知临时支撑拆除为初支拱盖法施工的关键步序,这是因为临时支撑拆除前,隧道拱部的承载结构由围岩、拱部初期支护和临时支撑三者共同组成,而临时支撑拆除后,承载结构只剩围岩和初期支护,隧道承载模式发生了突变,原来由临时支撑分担的荷载转移到了围岩和初期支护上,围岩应力和初期支护受力都会产生一定程度的增大,可能会造成变形过大甚至失稳破坏,因此,临时支撑的拆除需要重点关注。在工程实践中,通过对围岩和支护结构的变形和受力分析可以得知,过早地拆除临时支撑对控制施工过程中的变形极为不利。为了最大限度地降低掌子面施工对临时支撑拆除的影响,需要掌握好临时支撑的拆除时机。

临时支撑的拆除时机主要根据初期支护的变形稳定来确定。本书以拱顶沉降为指标,若某一施工步下,监测点产生的拱顶沉降值小于或等于隧道开挖完成后总沉降值的 1%,即认为初期支护变形稳定。

通过拆撑前的数值计算,可得拱部左导坑开挖贯通后纵向各断面的拱顶沉降曲线,如图 9.7 所示。从图中可以看出,由于端部约束的作用,$Y=0.0$ m 和 $Y=3.0$ m 处的拱顶沉降值较小,$Y=9.0$ m 时,端部效应基本消失。因此,本节选取 $Y=9.0$ m 和 $Y=18.0$ m 两个断面的拱顶沉降进行分析。

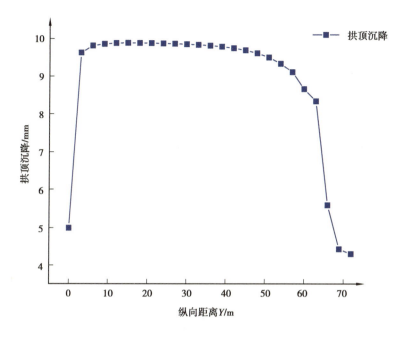

图 9.7　拱部左导坑开挖完成后纵向各断面的拱顶沉降曲线

图 9.8 所示为 $Y=9.0$ m 和 $Y=18.0$ m 断面处拱顶沉降随施工步的变化曲线。从图中可以看出,各监测断面的拱顶沉降随施工步的变化规律基本一致。掌子面未经过监测断面时,由于受前方开挖卸荷的影响,监测断面处拱顶产生一定的沉降,当掌子面经过监测断面时,监测断面处的拱顶沉降迅速增大,当掌子面离开监测断面后,由于监测断面后方开挖,对监测断面处应力的进一步释放,监测断面的拱顶沉降继续增大,只不过增加速度减小,随着开挖的进行即掌子面的继续移动,拱顶沉降开始趋于稳定,此时可认为监测断面已不受掌子面施工的影响。

根据数值计算结果,$Y=9.0$ m 和 $Y=18.0$ m 两个监测断面处的拱顶沉降情况见表 9.3。从中可知,在监测断面 $Y=9.0$ m 处,当某一施工步条件下拱顶沉降增量小于或等于 0.082 mm 时,可认为初期支护变形稳定。在监测断面 $Y=18.0$ m处,当某一施工步条件下拱顶沉降增量小于或等于 0.077 mm 时,可认为初期支护变形稳定。

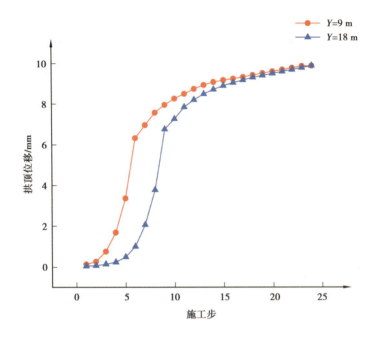

图 9.8　$Y=9.0$ m 和 $Y=18.0$ m 断面处拱顶沉降随施工步变化曲线

表 9.3　监测断面拱顶沉降

监测断面	$Y=9.0$ m	$Y=18.0$ m
开挖之前产生的位移/mm	1.68	2.06
总位移/mm	9.85	9.78
开挖后总拱顶沉降位移 d/mm	8.17	7.72
1%d/mm	0.082	0.077

以表中 1%d 为控制指标,通过分析两个监测断面处的拱顶沉降,得到临时支撑拆除位置与掌子面间的距离,见表 9.4。

表 9.4　临时支撑拆除位置与掌子面间的距离

位置	$Y=9.0$ m	$Y=18.0$ m	平均值
以 1%d 为控制指标/m	33	27	30

以 1%d 为控制指标时,当掌子面距离 $Y=9$ m 监测断面 33 m 时,初期支护变形稳定,当掌子面距离 $Y=18$ m 监测断面 27 m 时,初期支护变形稳定,本书取二者均值 30 m 作为拆撑位置距离掌子面的安全距离。

9.4　落底开挖工序优化

9.4.1　施工方案

在前两节对拱部左、右导坑开挖优化和临时支撑拆除研究结果的基础上,本节对落底开挖工序进行优化,图 9.9 所示为落底开挖的原设计和优化方案。

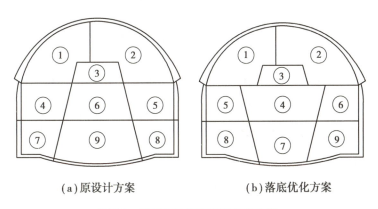

(a)原设计方案　　　　　(b)落底优化方案

图 9.9　落底开挖原设计和优化方案

落底优化方案:相比于原设计方案,落底优化方案保持拱部开挖工序不变,落底开挖由先开挖边墙侧围岩再开挖中间围岩优化为先开挖中间围岩再开挖边墙侧围岩。这一优化的好处在于中间侧围岩的先开挖为边墙侧围岩的开挖提供了临空面。由于重庆地区围岩条件较好,爆破开挖效率优于机械开挖,因此较多采用爆破开挖。临空面的存在可以在很大程度上减少边墙侧围岩爆破开挖对拱脚及其他初支的破坏,对隧道稳定性十分有益。但开挖工序的不同,对围岩的应力分布和初支受力产生很大的影响。因此需要进行针对性的对比分析,找到最合适的施工方案。

9.4.2 计算结果分析

对上述两种落底开挖方案分别进行数值模拟,为了保证结果的准确性和对比的有效性,各分析模型完全相同,仅在落底开挖时施工步序不同。为了减小端部效应的影响,取纵向距离 $Y=9.0$ m 处数据进行分析。

(1)洞周围岩位移

图 9.10 所示为落底开挖各方案洞周围岩竖向位移云图。从图中可以看出,采用两种不同的落底开挖方案进行隧道施工。施工完成后,洞周围岩的竖向位移分布规律基本相同,主要是拱部发生沉降,隧道底部产生隆起。采用原设计方案时,拱顶最大沉降为 20.68 mm,隧道底部最大隆起量为 25.61 mm。采用落底优化方案时,拱顶最大沉降为 20.80 mm,隧道底部最大隆起量为 25.50 mm,分别较原设计方案增加 0.12 mm 和减小 0.11 mm,变化量很小,说明优化方案对洞周竖向位移影响不大。

图 9.11 所示为落底开挖各方案洞周围岩水平位移云图。从图中可以看出,采用两种不同的落底开挖方案进行隧道施工,施工完成后,洞周围岩的水平位移分布规律基本相同,洞周水平位移主要出现在两侧边墙,位移表现为水平收敛。采用原设计方案时,左侧边墙最大水平位移为 16.66 mm,右侧边墙最大水平位移为 15.91 mm,洞周最大水平收敛位移为32.57 mm。采用落底优化方案时,左侧边墙最大水平位移为 16.93 mm,右侧边墙最大水平位移为 15.45 mm,洞周最大水平收敛位移为 32.38 mm,相比于原设计方案减小 0.19 mm。可以看出,优化方案对洞周围岩水平位移的影响也比较小。

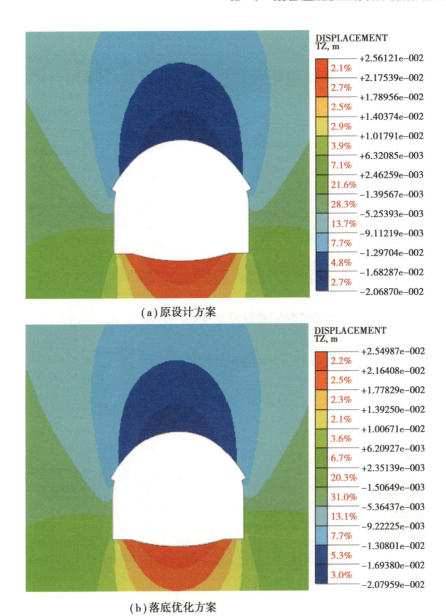

（a）原设计方案

（b）落底优化方案

图 9.10　落底开挖各方案洞周围岩竖向位移云图

（2）围岩应力

图 9.12 所示为落底开挖各方案洞周围岩最大主应力云图。从图中可以看出，采用两种不同的落底开挖方案进行隧道施工，施工完成后，洞周围岩的最大主

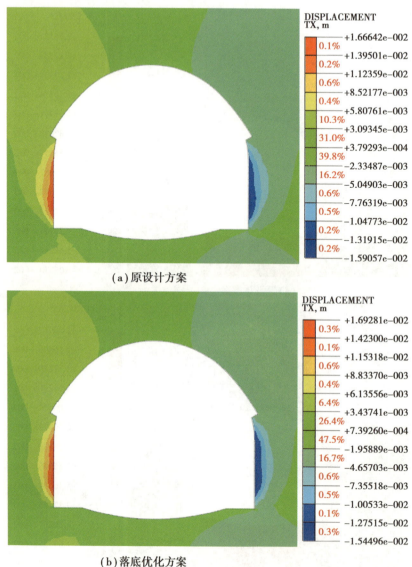

DISPLACEMENT
TX, m

（a）原设计方案

DISPLACEMENT
TX, m

（b）落底优化方案

图9.11 落底开挖各方案洞周围岩水平位移云图

应力分布规律基本相同,最大主应力主要分布在两侧拱脚和边墙,且拱脚最大主

应力区与边墙最大主应力区出现连通。说明初支拱盖法的传力机制是初支拱盖

将拱部围岩荷载传递到拱脚,拱脚又将压力传导给两侧边墙。拱脚最大主应力区

与边墙最大主应力区连通,说明拱脚和边墙容易发生受压贯通破坏,在隧道施工

中,需要重点关注和监测。从图中还可以看出,采用原设计方案时,洞周围岩最大主应力的最大值为 7.10 MPa;采用落底优化方案时,洞周围岩最大主应力的最大值为 6.56 MPa。从整体来看,采用优化方案后,洞周围岩的最大主应力要低于原设计方案,说明采用优化方案能产生更有利的围岩应力分布。

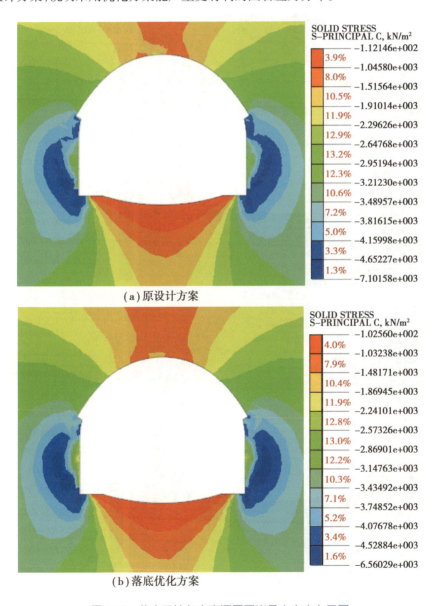

(a)原设计方案

(b)落底优化方案

图 9.12　落底开挖各方案洞周围岩最大主应力云图

图 9.13 所示为落底开挖各方案洞周围岩最大剪应力云图。从图中可以看出，采用两种不同的落底开挖方案进行隧道施工，施工完成后，洞周围岩的最大剪应力分布规律基本相同，洞周围岩最大剪应力集中分布于两侧拱脚和边墙位置，且二者形成连通带，与最大主应力云图相对应，说明隧道破坏主要是拱脚和

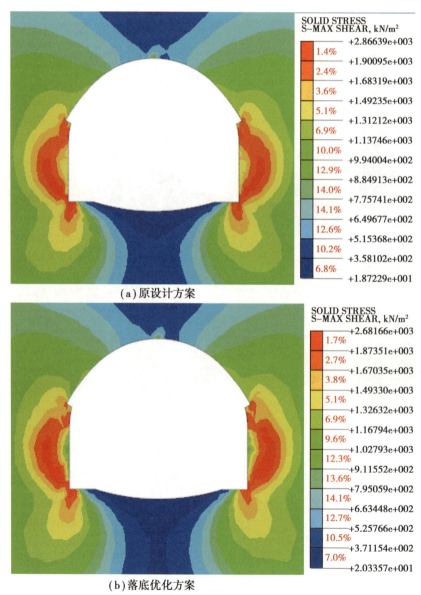

（a）原设计方案

（b）落底优化方案

图 9.13　落底开挖各方案洞周围岩最大剪应力云图

边墙侧围岩发生压剪破坏。从图中可看出,采用原设计方案时,洞周围岩最大剪应力为 2.87 MPa,而采用优化方案时,洞周围岩最大剪应力为 2.68 MPa,较原设计小 0.19 MPa,再次说明采用落底优化方案更有利于隧道稳定。

(3)初期支护受力

图 9.14 所示为隧道开挖完成后洞周各特征点初期支护受力分布图。图 9.14(a)为初期支护轴力分布图,从图中可以看出采用两种不同的落底开挖进行隧道施工,施工完成后,初期支护各特征点的轴力分布规律基本相同。左右拱脚处轴力最大,左右边墙中部轴力较小。通过对比可以看出,采用优化方案施工时,拱部各特征点和左侧边墙处初期支护所受轴力较原设计都有一定程度的减小,只有右侧边墙处初期支护有小幅度增大。图 9.14(b)所示为初期支护弯矩分布图,从图中可以看出采用两种不同的落底开挖方案进行隧道施工。施工完成后,初期支护各特征点的弯矩分布规律基本相同。左右拱脚处弯矩较大,其他位置处弯矩较小。通过二者对比可以看出,采用优化设计方案时,左右侧边墙初期支护所受的弯矩较原设计有一定程度的增大,其他位置处基本不变。

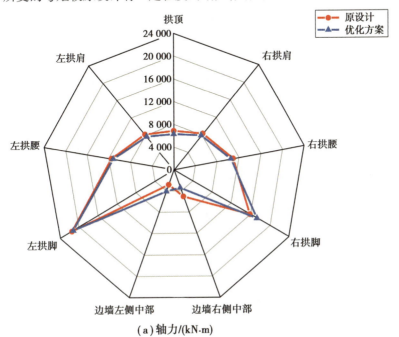

(a)轴力/(kN·m)

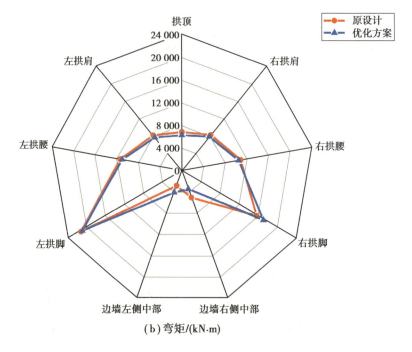

图 9.14　落底各开挖方案洞周特征点初期支护受力分布图

同样,采用《铁路隧道设计规范》(TB10003—2016)中的破损阶段法来对各施工方案下的初期支护内力进行分析,求得相应的安全系数,见表 9.5。从表中可以看出,两种落底开挖方案洞周各特征点初期支护的安全系数都比较接近,都大于规范给定的最小安全系数,说明采用原设计和优化方案施工都是安全的。

表 9.5　落底开挖各方案洞周特征点初期支护的安全系数

洞周特征点	原设计方案			落底优化方案		
	轴力/kN	弯矩/(kN·m)	安全系数	轴力/kN	弯矩/(kN·m)	安全系数
拱顶	6 835	−72.8	3.02	6 265	−71.9	3.27
左拱肩	8 145	34.7	2.67	7 645	32.1	2.84
右拱肩	8 270	31	2.64	7 820	25.6	2.80

洞周特征点	原设计方案			落底优化方案		
	轴力/kN	弯矩/(kN·m)	安全系数	轴力/kN	弯矩/(kN·m)	安全系数
左拱腰	11 535	36.1	2.46	11 185	31.8	2.54
右拱腰	10 975	47.1	2.56	10 575	46.1	2.65
左拱脚	21 550	957	2.53	21 250	1 340	2.48
右拱脚	15 900	−293	3.60	17 350	−279	3.31
边墙左侧中部	2 820	−85.9	6.34	4 080	−255	3.60
边墙右侧中部	5 040	−99	3.83	3 400	−262	3.99

9.4.3　方案选择

上一小节进行了落底开挖两种施工方案关于洞周围岩位移、围岩主应力以及支护结构受力的对比分析,可知两种施工方案在洞周围岩位移、围岩主应力以及支护结构受力等方面差异不明显,都能满足安全施工的要求。但若从实际施工过程来考虑,落底优化方案较原设计方案具有优越性,这是因为重庆地区围岩条件较好,爆破开挖效率优于机械开挖,实际施工过程中经常采用爆破开挖,而优化方案首先进行中部拉槽,为边墙侧围岩的爆破开挖提供了临空面,很大程度上减少了边墙侧围岩爆破开挖对拱脚及其他初支的破坏,对隧道稳定性十分有益。因此,本书建议优先采用落底优化方案。

9.5 本章小结

　　本章以红岩村车站为依托,依据实际工程结构和施工设计资料,采用 Midas GTS NX 建立三维数值分析模型,首先针对拱部左、右导坑开挖原设计方案和两种优化方案进行了对比分析,综合考虑洞周围岩特征点位移、围岩应力和初期支护受力以及施工效率等因素,最终选择优化方案 2 作为拱部左、右导坑开挖方案。在此基础上,以某一施工步下监测点产生的拱顶沉降值小于或等于隧道开挖完成后总沉降值的 1% 为初期支护变形稳定的评价指标,确定了临时支撑的拆除时机。最后,在拱部左、右导坑开挖和临时支撑拆除研究的基础上,从洞周围岩特征点位移、围岩应力和初期支护受力以及施工安全性等方面对落底开挖方案进行了对比分析,发现落底开挖优化方案对隧道稳定十分有益,并建议优先采用。

第 10 章 软岩地层深埋地铁车站初支拱盖法施工变形基准控制研究

　　在隧道实际施工过程中,监控量测对保证施工安全起到了非常重要的作用。基于监控量测得到的关于隧道稳定性的判断是否准确,除了受监控量测所采用的设备、方法以及人员操作技术等因素影响外,还受到控制基准准确性的严重制约。隧道的变形控制基准是围岩变形控制的前提。若采用的控制基准不准确,就可能发生因监控量测对隧道稳定预测不准确、不及时而造成隧道失稳的严重事故。鉴于重庆市轨道交通 9 号线红岩村车站率先采用初支拱盖法施工,而目前国内没有相关的变形控制基准,且根据第 9 章风险评估的结果,变形控制基准的不合理对施工安全影响很大,因此,本章以红岩村车站为依托对此进行研究。

10.1 **位移控制基准**

10.1.1 极限位移

极限位移是指在施工阶段中支护体系在保持隧道净空和不垮塌极限状态下的位移。在初期支护阶段,隧道的极限位移就是指隧道开挖并完成初期支护后达到稳定极限状态时的洞周位移。

图 10.1 所示为收敛约束原理示意图。收敛约束法是伴随着喷锚等柔性支护和新奥法的发展,将弹塑性理论和岩石力学应用到地下工程中,进一步解释围岩和支护相互动态作用过程的一种理论和方法,已得到广泛认同。图 10.1 中,P_i 和 P_0 分别为围岩和初期支护应力。U_r 为洞壁位移。曲线 1 为围岩特征曲线,表示隧道洞壁径向应力 P_i 与径向位移 U_r 之间的变化关系。曲线 2、3 和 4 为支护特征曲线,表示支护反力 P_0 与洞壁径向位移 U_r 之间的变化关系。在隧道施工过程中,由于初期支护的施作会相对滞后于开挖过程,洞周围岩在无支护过程中会产生自由变形。随着初期支护的施作,隧道洞周位移会受到初期支护的约束,使围岩特征曲线和支护特征曲线出现相交。对比曲线 2、3、4,可以发现初期支护的施作时间对支护结构的经济性和隧道的安全性非常重要。如果支护时间过早,支护结构所承受的荷载就会越大,对支护结构的刚度要求也就越高,如曲线 2。如果支护时间太晚,支护对隧道的约束不及时,隧道就可能因产生的变形超过极限位移而发生失稳破坏,如曲线 4。

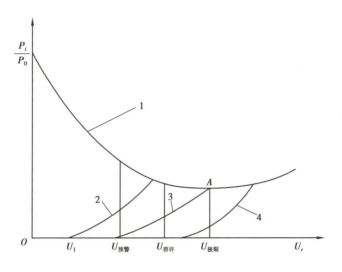

图 10.1　收敛约束原理示意图

目前,采用位移控制基准的国家都将极限位移 $U_{极限}$ 作为基准,当洞壁位移 $U_r<U_{极限}$ 时,隧道处于稳定状态,当 $U_r>U_{极限}$ 时,隧道不稳定。

10.1.2　位移管理等级

为了保证隧道施工的安全,我国规范采用三级变形监测管理等级来指导施工。《铁路隧道工程施工安全技术规程》(TB 10304—2020)和《铁路隧道监控量测技术规程》(Q/CR 9218—2015)给出的三级管理等级,见表 10.1。

表 10.1　隧道变形管理等级

管理等级	管理位移
I	$U_r>\dfrac{2}{3}U_{极限}$
II	$\dfrac{1}{3}U_{极限}\leqslant U_r\leqslant\dfrac{2}{3}U_{极限}$
III	$\dfrac{1}{3}U_{极限}<U_r$

　　实践中一般将极限位移的 1/3 作为预警位移,将极限位移的 2/3 称为容许位移。当洞壁位移达到预警位移时,需要加强隧道周边位移监测,当洞壁位移达到容许位移时,应该加强支护措施,防止洞周围岩变形过大而发生失稳破坏。具体的反馈管理流程如图 10.2 所示。

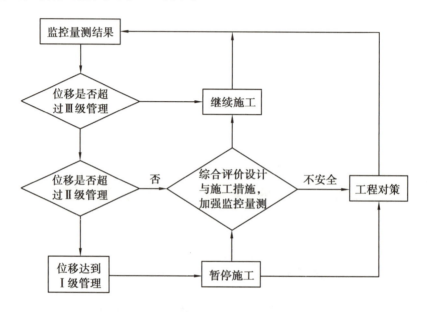

图 10.2　施工安全评价流程图

10.2　位移基准的确定方法

10.2.1　方法选择

1) 现场监测

当前,隧道支护结构极限位移的确定主要采用现场监控量测。但现场监测存在下述问题。

（1）现场监测存在测前损失

图 10.3 所示为隧道围岩净空位移比随掌子面推进的变化曲线图。从图 10.3 中可以看出，隧道开挖造成掌子面后方围岩的变形，影响范围约为 $1.5D$（D 为隧道跨度）。在掌子面到达之前，已产生了约 30% 的位移。而在实际监控量测中，只有在掌子面开挖后才能布置测点，进而开始测量，此时测量得到的位移未考虑围岩的超前变形，若没有在开挖完毕后及时布设测点并进行监测，也会造成一定的位移损失。

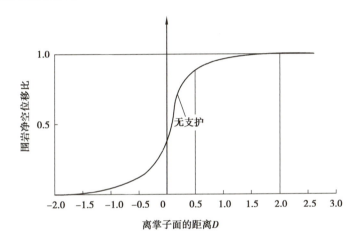

图 10.3　隧道围岩净空位移比随掌子面推进的变化曲线图

隧道现场监控量测存在测前损失就会造成围岩位移的量测值较实际值偏小，偏不安全。但目前的技术条件还不能有效地解决这个问题。目前，对隧道位移量的处理有以下几种观点：

①以现行规范为准，不反推测前位移。目前，我国现行规范中规定的位移基准都不考虑测前位移，位移基准都是根据工程实践来确定的。

②采用回归分析法反推测前损失。该观点通常采用将量测值乘以 25% 的经验系数作为粗估隧道位移前期值的方法。但由于地质条件和施工方法不同，存在较大误差。

（2）监控量测数据

现场监控量测所收集到的数据一般都为安全状态下的数据，隧道处于极限状态的情况比较少。

（3）采用分部开挖工法无法量测到整个断面的收敛变形值

在隧道施工中，由于地质条件和隧道断面的影响，全断面法和台阶法的使用受到极大限制，大部分隧道采用分部开挖法。分部开挖法虽然减小了隧道每步开挖的跨度，有利于隧道的稳定，但开挖断面的减小也造成了现场监控量测中无法及时量测整个断面的收敛变形值。

2）现场或模型试验法

现场试验虽然可以得到有效的数据，但其试验成本比较高。室内模型试验虽然比较容易实现，但由于试验数据具有偶然性，需要进行大量的重复试验进行验证，因此工作量比较大。

3）数值分析法

数值分析通过采用数值模拟软件模拟隧道开挖，可以很方便、全面地模拟复杂的地质条件和施工步骤，并且工作周期比较短，具有其他方法不可比拟的优势。

通过对比，本书采用数值分析方法研究重庆地区软岩地层深埋地铁车站初支拱盖法施工的位移基准。因数值分析结果受岩土参数的影响比较大，本章将采用参数分位值抽样的定值计算方法，对重庆地区砂质泥岩的弹性模量 E、泊松比 ν、内摩擦角 φ、黏聚力 c 分别选取最低值、1/2 分位值及最高值 3 种，并对这 4 个参数进行随机组合，针对不同参数组合工况下的隧道开挖进行模拟，将得到的位移值采用 t 分布理论进行数理统计，最后得到洞周围岩的极限位移。

10.2.2　位移监测点的布置

开挖方法的选择对隧道围岩的变形会产生较大影响。因此，为了防止隧道在施工过程中的破坏,需要加强施工中的过程管控,根据施工工法来制订监测点的位置及其对应的极限位移。根据初支拱盖法先进行拱部开挖、后分两台阶来进行落底开挖的特点,本书将设置 3 个拱顶沉降点和两条水平测线,如图10.4所示。

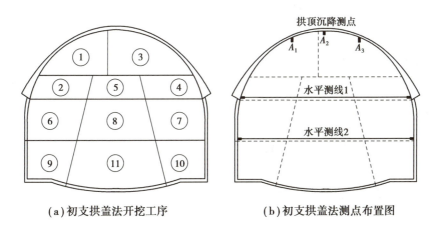

（a）初支拱盖法开挖工序　　　　（b）初支拱盖法测点布置图

图 10.4　初支拱盖法开挖工序和测点布置图

①拱部左导坑上台阶开挖并施作初期支护后,布设拱顶沉降点 A_1。

②拱部右导坑上台阶开挖并施作初期支护后,布设拱顶沉降点 A_2 和 A_3。

③拱部左、右导坑下台阶开挖完成并施作初期支护后,布设水平测线 1。

④中台阶左、右导坑开挖完成并施作初期支护后,布设水平测线 2。

10.2.3　统计分析方法

根据统计学分布抽样原理,当样本数量过大($n \geqslant 30$)时,可采用正态分布来近似抽样分布。当样本数量较少($n < 30$)时,可采用 t 分布来近似样本分布,因为采用正态分布会带来比较大的误差。本书采用正交设计法对不同参数的分位值进行组合,得到 9 种工况,因此采用 t 分布理论。

设已给定置信水平为 $1-\alpha$,并设 $X_1, X_1, \cdots, X_n$ 为总体 $N(\mu, \sigma^2)$ 的样本, $\overline{X}$ 、 S^2 分别是样本均值和样本方差。图 10.5 所示为 t 分布概率密度曲线。

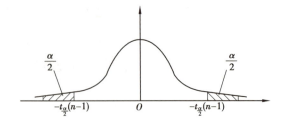

图 10.5　t 分布概率密度曲线

根据定理可知：

$$\frac{\overline{X} - \mu}{S/\sqrt{n}} \sim t(n - 1) \tag{10.1}$$

$$P\left\{- t_{\frac{\alpha}{2}}(n - 1) < \frac{\overline{X} - \mu}{S/\sqrt{n}} < t_{\frac{\alpha}{2}}(n - 1)\right\} = 1 - \alpha \tag{10.2}$$

即

$$P\left\{\overline{X} - \frac{S}{\sqrt{n}}t_{\frac{\alpha}{2}}(n - 1) < \mu < \overline{X} + \frac{S}{\sqrt{n}}t_{\frac{\alpha}{2}}(n - 1)\right\} = 1 - \alpha \tag{10.3}$$

于是得 μ 的一个置信水平为 $1-\alpha$ 的置信空间 $\left(\overline{X} \pm \frac{S}{\sqrt{n}}t_{\frac{\alpha}{2}}(n-1)\right)$

根据位移 t 分布，求出位移的均值 $\overline{X}$ 和标准差 S，取置信水平 $1-\alpha=0.987\,5$，即涵盖了 98.75% 的统计值域区间，根据 $\overline{X} \pm \frac{S}{\sqrt{n}}t_{0.987\,5}(n-1)$，可以分别确定统计值的最大值和最小值。

10.2.4　重庆地区砂质泥岩参数确定

由于本章采用参数分位值抽样的定值计算方法研究软岩地层深埋地铁车站初支拱盖法施工的变形控制基准，因此软岩地层的参数尤为重要。在重庆轨道交通建设中，遇到的地层主要以中风化砂质泥岩为主，一般为Ⅳ级围岩，属于软岩，但目前规范中没有针对砂质泥岩力学参数的取值规定，因此本书收集了一些重庆轨道交通建设中车站和区间的地勘报告,对报告中中风化砂质泥岩的力学参数进行统计分析,同时参考《工程岩体分级标准》(GB/T 50218—2014)、《铁路隧道设计规范》(TB10003—2016)中Ⅳ级围岩参数以及《重庆市工程建设标准　工程地质勘察规范》(DBJ 50/T-043—2016)中的软岩参数综合确定中风化砂质泥岩的取值范围。

本书共收集到了重庆轨道交通建设中 16 个不同车站和区间的地勘报告,提取并汇总各地勘报告中中风化砂质泥岩的物理力学参数取值见表 10.2。

表 10.2　不同车站和区间中风化砂质泥岩的物理力学参数取值

岩性及位置 中风化砂质泥岩(J₂s)	天然重度 $\gamma/(\text{kN} \cdot \text{m}^{-3})$	弹性模量 E/MPa	泊松比 ν	内摩擦角 $\varphi/(°)$	黏聚力 c/kPa
3 号线鱼洞东—鱼洞区间	25.6	1 033	0.35	32.0	600
空港线空港广场—高堡湖区间	25.6	1 342	0.39	31.0	500
5 号线凤西路站	25.6	1 100	0.39	32.0	600
6 号线上新街站	25.8	1 442	0.36	32.7	603
两江桥渝中连接隧道	25.9	1 655	0.36	34.0	988
9 号线蚂蟥梁站	25.6	1 360	0.38	32.0	630
9 号线李家坪站	25.6	1 362	0.38	32.0	447
9 号线高滩岩站	25.5	1 230	0.38	32.8	360
9 号线红岩村站	25.5	2 043	0.37	32.0	648
环线二郎站	25.6	1 144	0.36	32.5	597
环线华龙站	25.6	1 180	0.38	32.2	480
环线民安大道站	25.6	1 400	0.37	32.0	740
环线莲花村站及渡线区间	25.6	1 382	0.37	32.6	600
环线莲涂山站—莲花村站	25.6	1 404	0.36	32.9	735

续表

岩性及位置 中风化砂质泥岩(J_{2s})	天然重度 $\gamma/(kN \cdot m^{-3})$	弹性模量 E/MPa	泊松比 ν	内摩擦角 $\varphi/(°)$	黏聚力 c/kPa
环线五里店—十一中	25.6	2 237	0.35	31.3	798
18 号线杨家坪站	24.9	2 093	0.34	29.1	585

通过对不同车站和区间中风化砂质泥岩的物理力学参数取值进行统计,结果见表 10.3。

表 10.3 中风化砂质泥岩物理力学参数的统计结果

物理力学参数	天然重度 $\gamma/(kN \cdot m^{-3})$	弹性模量 E/MPa	泊松比 ν	内摩擦角 $\varphi/(°)$	黏聚力 c/kPa
最大值	25.9	2 237	0.39	34	988
最小值	24.9	1 033	0.34	29.1	360
均值	25.6	1 463	0.37	32.1	619
均方差	0.2	362	0.015	1.0	148

参考《工程岩体分级标准》(GB/T 50218—2014)、《铁路隧道设计规范》(TB 10003—2016)中Ⅳ级围岩参数以及《重庆市工程地质勘察规范》(DBJ 50/T-043—2016)中的软岩参数综合确定中风化砂质泥岩物理力学参数的取值范围见表 10.4。

表 10.4 中风化砂质泥岩物理力学参数的取值范围

岩性	天然重度 $\gamma/(kN \cdot m^{-3})$	弹性模量 E/MPa	泊松比 ν	内摩擦角 $\varphi/(°)$	黏聚力 c/kPa
中风化砂质泥岩	25~26	1 000~2 000	0.35~0.37	31~33	400~700

10.3　数值分析有效性验证

10.3.1　现场监控量测

在红岩村车站主体开挖过程中,采用 NTS-391R10 全站仪对施工过程中的拱顶沉降和洞周位移收敛进行了监测,现场监测过程如图 10.6 所示。

（a）拱腰监测

（b）拱顶监测

（c）拱脚收敛监测

图 10.6　现场监控量测过程

对典型监测断面 K6+090 洞周位移量测数据进行整理,绘制曲线如图 10.7 所示。

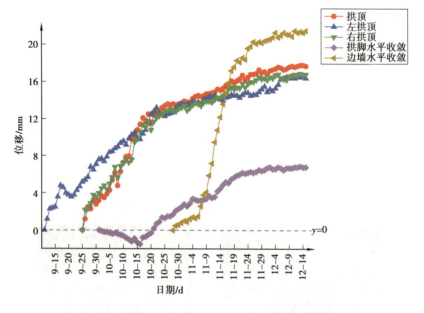

图 10.7　洞周位移监控量测结果

从图 10.7 可以看出,洞周位移的变化趋势基本一致,拱顶位移主要发生在拱部开挖过程中,落底开挖过程中的增量较小。拱脚水平收敛位移在拱部开挖过程中先出现正向收敛,然后由于临时支撑拆除造成的拱部卸荷出现反向扩展,随着落底开挖的进行,反向位移减小为 0,位移变为正向收敛。边墙水平收敛在落底开挖过程中出现较大增长,最终位移值要远大于拱顶沉降,这也再次验证了深埋隧道采用初支拱盖法时的破坏模式的正确性。

10.3.2　依托工程三维数值分析

依据实际工程结构和施工设计资料,采用 Midas GTS NX 建立三维数值分析模型。研究表明,隧道开挖过程中,掌子面后方约 $2D$(D 为开挖跨度)处位移基本收敛,为了能够完整地模拟施工过程,同时得到隧道开挖稳定后的洞周位移,确定模型纵向长度为 114 m。除模型纵向长度外,模型其他尺寸、参数和假定都与 9.1 节相同。

为了提高计算精度,模型网格划分采用混合网格生成器,网格最小尺寸为 1.0 m,最终生成 144 106 个单元,86 788 个节点,模型如图 10.8 所示。

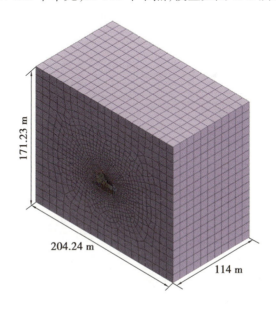

图 10.8　依托工程三维数值模型

为了避免端部效应的影响,提取 $Y = 9.0$ m 处的拱顶沉降数据进行分析,绘制的拱顶沉降随施工步的变化曲线如图 10.9 所示。

10.3.3　现场监控量测结果与数值分析结果对比

对比洞周位移监测结果和数值分析结果可以发现,监测结果和数值分析结果所呈现的各特征点位移变化趋势基本相同。只是监控量测的结果要略大于数值分析的结果,这可能是因为车站所处地质条件复杂,对位移结果的影响较大,而数值分析为了方便模拟,对实际工程情况进行了简化,如将围岩作为一个均质体,不考虑节理裂隙作用等。总的来说,数值分析结果和现场监控量测结果吻合度较好,说明了数值分析是有效的。

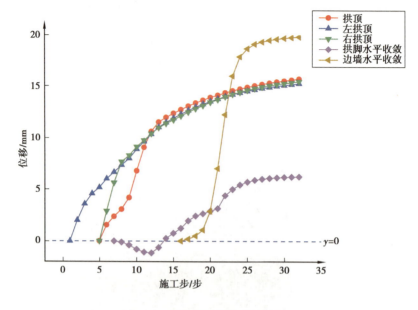

图 10.9　拱顶沉降数值分析结果

10.4　位移控制基准确定

10.4.1　数值分析模型

规范中为了考虑埋深对位移基准的影响,将埋深划分为 3 个区间,分别为 <50 m、50~300 m 和>300 m,因本书研究对象为深埋车站,在实际中,为了保证建设的经济性以及旅客的方便,车站埋深都控制在 150 m 以内,因此本章建立了埋深分别为 50 m、100 m 和 150 m 的 3 个模型来进行位移控制基准的研究,模型如图 10.10 所示。

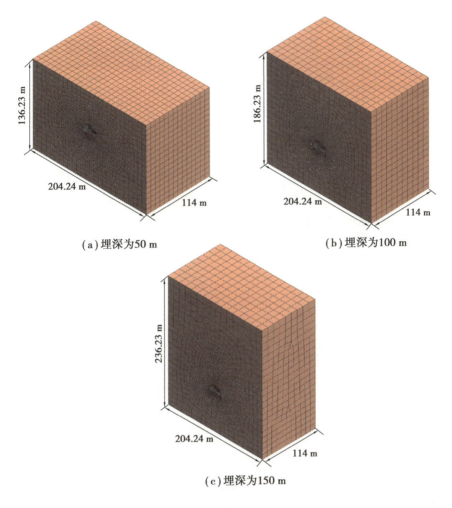

（a）埋深为50 m　　　　　　　（b）埋深为100 m

（c）埋深为150 m

图 10.10　变形控制基准三维模型

10.4.2　参数取值

采用参数分位值抽样的定值计算方法，即对中风化砂质泥岩的弹性模量 E、泊松比 ν、内摩擦角 φ、黏聚力 c 分别选取最低值、1/2 分位值及最高值 3 种，见表 10.5。

表 10.5　中风化砂质泥岩力学参数的分位值取值表

围岩参数		取值
变形模量 E/MPa	E_0	1 000
	$E_{\frac{1}{2}}$	1 500
	E_1	2 000
泊松比 ν	ν_0	0.35
	$\nu_{\frac{1}{2}}$	0.36
	ν_1	0.37
黏聚力 φ/kPa	φ_0	400
	$\varphi_{\frac{1}{2}}$	550
	φ_1	700
内摩擦角 c/(°)	c_0	31
	$c_{\frac{1}{2}}$	32
	c_1	33

采用正交试验法将围岩参数各分位值进行组合,产生了 9 种组合结果,见表 10.6。

表 10.6　围岩参数组合结果

围岩参数组合结果	天然重度 γ/(kN·m⁻³)	变形模量 E/MPa	泊松比 ν	黏聚力 φ/kPa	内摩擦角 c/(°)
组合 1	25.6	1 000	0.35	400	31
组合 2	25.6	1 000	0.36	550	32
组合 3	25.6	1 000	0.37	700	33
组合 4	25.6	1 500	0.35	550	33
组合 5	25.6	1 500	0.36	700	31

续表

围岩参数 组合结果	天然重度 $\gamma/(kN \cdot m^{-3})$	变形模量 E/MPa	泊松比 ν	黏聚力 φ/kPa	内摩擦角 $c/(°)$
组合 6	25.6	1 500	0.37	400	32
组合 7	25.6	2 000	0.35	700	32
组合 8	25.6	2 000	0.36	400	33
组合 9	25.6	2 000	0.37	550	31

10.4.3　计算结果

通过对不同工况进行施工过程的模拟,得到了不同工况下的初期支护各特征点的位移值,见表 10.7。在工况列中,"50-1"代表埋深为 50 m、围岩参数为组合 1 的工况。

表 10.7　不同工况下初期支护特征点的位移

工况	初期支护特征点位移/mm				
	A_1	A_2	A_3	水平测线 1	水平测线 2
50-1	23.12	25	23.4	8.81	27.83
50-2	22.66	24.64	23	8.73	20.68
50-3	22.42	24.4	22.78	8.98	16.86
50-4	15.66	17.13	15.86	6.73	14.56
50-5	15.55	17	15.75	6.933	12.13
50-6	15.74	17.2	15.93	7.73	21.47
50-7	11.97	13.13	12.1	5.574	9.045
50-8	12.12	13.28	12.24	6.215	16.83
50-9	12.005	13.17	12.14	6.205	13.12

续表

工况	初期支护特征点位移/mm				
	A_1	A_2	A_3	水平测线1	水平测线2
100-1	44.61	48.19	45.3	20.36	74.63
100-2	43.85	47.38	44.54	18.53	59.15
100-3	43.22	46.73	43.91	18.09	49.07
100-4	30.14	32.78	30.53	14.44	43.99
100-5	30	32.63	30.39	14.42	39.575
100-6	30.18	32.84	30.57	17.82	58.13
100-7	23.02	25.1	23.27	11.62	31.04
100-8	23.14	25.25	23.38	14.88	46.6
100-9	23.09	25.18	23.35	13.95	40.86
150-1	67.14	72.28	68.09	35.35	135.46
150-2	66.15	71.28	67.12	30.74	109.67
150-3	65.2	70.27	66.17	28.86	92.26
150-4	45.37	49.23	45.91	24.62	82.81
150-5	45.31	49.14	45.86	24.54	78.91
150-6	45.31	49.1	45.82	31.21	105.52
150-7	34.72	37.77	35.07	20.26	62.74
150-8	34.74	37.69	35.05	26.33	85.11
150-9	34.7	37.78	35.04	25.43	79.36

将数值分析中采集到的数据按照 t 分布理论进行统计分析,得到了不同埋深条件下初期支护特征点的极限绝对位移统计值和极限相对位移统计值,见表10.8、表10.9。

表 10.8　不同埋深条件下初期支护特征点的极限绝对位移统计值

埋深 /m	项目	均值 μ/mm	标准差 S	最大值 /mm	最小值 /mm	$\overline{X}\pm\dfrac{S}{\sqrt{n}}t_{0.9875}(n-1)$	
						统计最大值 /mm	统计最小值 /mm
50	A_1	16.790	4.699	23.000	11.970	17.960	15.620
	A_2	18.328	5.060	25.000	13.130	19.588	17.068
	A_3	17.022	4.804	23.400	12.100	18.219	15.826
	水平测线 1	7.323	1.282	8.980	5.574	7.642	7.004
	水平测线 2	16.947	5.688	27.830	9.045	18.364	15.531
100	A_1	32.361	9.175	44.610	23.020	34.646	30.077
	A_2	35.120	9.807	48.190	25.100	37.562	32.678
	A_3	32.804	9.370	45.300	23.270	35.137	30.471
	水平测线 1	16.012	2.799	20.360	11.620	16.709	15.315
	水平测线 2	49.227	12.997	74.630	31.040	52.463	45.991
150	A_1	48.738	13.862	67.140	34.700	52.189	45.286
	A_2	52.727	14.772	72.280	37.690	56.405	49.048
	A_3	49.348	14.140	68.090	35.040	52.869	45.827
	水平测线 1	27.482	4.512	35.350	20.260	28.606	26.359
	水平测线 2	92.427	21.510	135.460	62.740	97.783	87.071

表 10.9 不同埋深条件下初期支护特征点的极限相对位移统计值

埋深/m	项目	测线长 L/m	$\overline{X}\pm\dfrac{S}{\sqrt{n}}t_{0.9875}(n-1)$		t 分布/%	
			统计最大值	统计最小值	相对最大值	相对最小值
50	A_1	18.9	17.960	15.620	0.095	0.083
	A_2	20.7	19.588	17.068	0.095	0.082
	A_3	18.9	18.219	15.826	0.096	0.084
	水平测线 1	22.6	7.642	7.004	0.034	0.031
	水平测线 2	23.6	18.364	15.531	0.078	0.066
100	A_1	18.9	34.646	30.077	0.183	0.159
	A_2	20.7	37.562	32.678	0.181	0.158
	A_3	18.9	35.137	30.471	0.186	0.161
	水平测线 1	22.6	16.709	15.315	0.074	0.068
	水平测线 2	23.6	52.463	45.991	0.222	0.195
150	A_1	18.9	52.189	45.286	0.276	0.240
	A_2	20.7	56.405	49.048	0.272	0.237
	A_3	18.9	52.869	45.827	0.280	0.242
	水平测线 1	22.6	28.606	26.359	0.127	0.117
	水平测线 2	23.6	97.783	87.071	0.414	0.369

　　图 10.11 所示为初期支护极限绝对位移统计值最大值随埋深变化的曲线。从图中可以看出,初期支护的拱顶沉降和水平收敛都随着埋深的增大而增大,这是因为随着埋深的增加,地应力水平增大,隧道周边围岩和支护结构所受的应力增大,其产生的变形也相应的增大,这一规律与实践以及规范的规定相一致。相比于拱顶沉降和水平测线 1,水平测线 2(即边墙中部)收敛位移随埋深的增大而产生了较大的增长,这说明边墙中部收敛位移对埋深的增加非常敏感,受埋深影响较大,这也印证了软岩地层深埋地铁车站采用初支拱盖法施工时,其破坏主要由边墙控制。

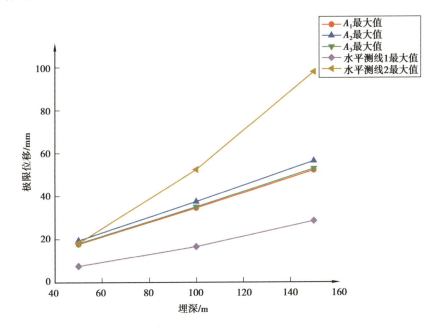

图 10.11　初期支护极限绝对位移统计值的最大值随埋深变化曲线

　　图 10.12 所示为初期支护极限绝对位移随埋深变化的曲线。从图中可以看出,埋深为 50 m 时的极限位移最大值和埋深为 100 m 时的极限位移较小值差距较小,表明该区段受埋深影响不大,因此,可将 50~100 m 作为一个埋深区间来给定极限位移值,将 100~150 m 作为另外一个区间给定极限位移值。

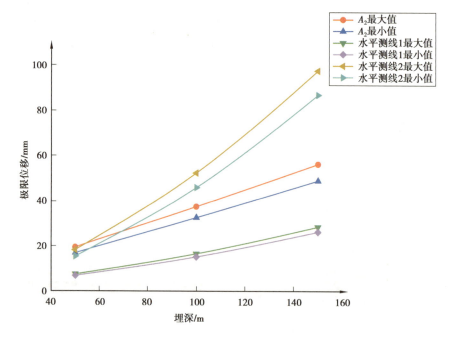

图 10.12　初期支护极限位移随埋深变化曲线

10.4.4　相对位移控制基准

为了更好地指导重庆地区深埋大断面隧道的信息化安全施工,参照《铁路隧道设计规范》(TB 10003—2016)的形式,以红岩村车站为依托,经过大量的计算,得到了在重庆地区典型的砂质泥岩地层中采用初支拱盖法施工深埋车站时初期支护的极限相对位移基准值,见表 10.10。

表 10.10　重庆地区软岩地层初支拱盖法施工相对位移控制基准

监测指标	围岩级别	隧道埋深 h/m	
		$50 \leqslant h \leqslant 100$	$100 < h \leqslant 150$
拱顶相对下沉		0.080~0.185	0.160~0.280
拱脚水平相对收敛	IV	0.030~0.075	0.065~0.115
墙腰水平相对收敛		0.065~0.225	0.195~0.415

10.4.5　红岩村车站的绝对位移控制基准

红岩村车站首次将初支拱盖法应用于软岩地层深埋地铁车站,无本地区也无其他地区类似经验的参考。因此,为了保证红岩村车站的顺利施工,根据上述计算和统计结果,得出了红岩村车站的绝对位移控制基准。

红岩村车站平均埋深为 85 m,根据表 10.10 采用线性差值的方法可以得到,当埋深为85 m时,拱顶相对下沉、拱脚水平相对收敛和墙腰水平相对收敛的极限值分别为 0.135、0.052 5 和 0.145。由此可得,红岩村车站拱顶下沉、拱脚水平收敛和墙腰水平收敛的绝对位移极限值分别为 27.9 mm、11.9 mm 和 34.2 mm。

为加强施工过程中安全风险的监控、反馈和管理,制订了三级变形监测管理等级来指导施工,见表 10.11。

表 10.11　红岩村车站变形管理等级(mm)

监测项目	管理等级		
	I	II	III
拱顶下沉	$U_r<9.3$	$9.3 \leqslant U_r \leqslant 18.6$	$U_r>18.6$
拱脚水平收敛	$U_r<4.0$	$4.0 \leqslant U_r \leqslant 8.0$	$U_r>8.0$
边墙水平收敛	$U_r<11.4$	$11.4 \leqslant U_r \leqslant 22.8$	$U_r>22.8$

10.5　本章小结

本章首先对位移控制基准进行了简要介绍,包括极限位移和位移管理等级,然后对比分析了位移控制基准常用的 3 种确定方法,最终选择数值分析法。

接着通过统计分析收集到的重庆地区地铁车站和区间的地勘资料求得重庆地区中风化砂质泥岩物理力学参数的取值域。在此基础上,采用数值计算方法研究重庆地区软岩地层深埋地铁车站初支拱盖法施工的相对位移控制基准和红岩村车站的绝对位移控制基准,以便为红岩村车站和以后其他类似的工程提供指导。

参考文献

［1］黎洋佟. 契合城市发展走廊的轨道线路适应性评价研究［D］. 泉州：华侨大学，2018.

［2］侯秀芳，梅建萍，左超. 2020 年中国内地城轨交通线路概况［J］. 都市快轨交通，2021，34(1)：12-17.

［3］SOUSA R L，EINSTEIN H H. Risk Analysis during Tunnel Construction Using Bayesian Networks：Porto Metro Case Study［J］. Tunnelling and Underground Space Technology，2012，27(1)：86-100.

［4］HH EINSTEIN. Risk and risk analysis in rock engineering［J］. Tunnelling and Underground Space Technology，1996，11(2)：141-155.

［5］HYUN K-C，MIN S，CHOI H，et al. Risk Analysis Using Fault-Tree Analysis (FTA) and Analytic Hierarchy Process (AHP) Applicable to Shield TBM Tunnels［J］. Tunnelling and Underground Space Technology，2015(49)：121-129.

［6］陈亮，黄宏伟，胡群芳. 盾构隧道施工风险管理数据库系统开发［J］. 地下空间与工程学报，2005(6)：964-967.

［7］侯艳娟，张顶立. 浅埋大跨隧道穿越复杂建筑物安全风险分析及评估［J］.

岩石力学与工程学报, 2007(S2): 3718-3726.

[8] 安永林. 结合邻近结构物变形控制的隧道施工风险评估研究[D]. 长沙: 中南大学, 2009.

[9] 赵冬安. 基于故障树法的地铁施工安全风险分析[D]. 武汉: 华中科技大学, 2011.

[10] 黄洪伟. 基于网络分析法的地铁工程项目风险评价研究[D]. 长沙: 中南大学, 2012.

[11] 祝文化, 明锋, 李新平. 爆破地震波作用下框架结构的高程响应分析[J]. 煤炭学报, 2011, 36(S2): 411-415.

[12] 田运生, 田会礼. 爆破地震波作用下民房破坏分析和破坏特征[J]. 爆破, 2005(1): 96-98.

[13] 高富强, 张光雄, 杨军. 爆破地震荷载作用下建筑结构的动力响应分析[J]. 爆破, 2015(1): 5-10, 80.

[14] 吴德伦, 叶晓明. 工程爆破安全振动速度综合研究[J]. 岩石力学与工程学报, 1997(3): 67-74.

[15] 陈士海, 张安康, 张子华. 爆破地震作用下结构的损伤及动力响应分析[J]. 山东科技大学学报: 自然科学版, 2011, 30(5): 36-41.

[16] 罗忆, 卢文波, 陈明. 爆破振动安全判据研究综述[J]. 爆破, 2010, 27(1): 14-22.

[17] 陈顺禄, 徐全军, 龙源. 爆炸载荷下建筑物动态响应的数值分析[J]. 爆破, 2015, 32(3): 74-78.

[18] 刘耀民. 山西省万家寨引黄工程国际一标岩体爆破效应的声波测试[J]. 地下工程与隧道, 2000(4): 57-62.

[19] 李岚, 李宁. 隧道监测系统中的数据融合技术[J]. 中国铁路, 2004(8): 30-32.

[20] 李晓杰, 曲艳东. 岩体爆破效应的声波探测[J]. 爆破器材, 2005(4): 1-6.

[21] 林从谋, 杨林德, 崔积弘. 浅埋隧道掘进爆破振动特征研究[J]. 地下空间
与工程学报, 2006(2): 276-279.

[22] 孙正华, 方平. 爆破振动监测技术在文物保护中的应用[J]. 工程质量,
2008(15): 28-32.

[23] 魏有志. 炮孔爆破中新的岩体断裂理论[J]. 江西冶金学院学报, 1986, 7
(2): 63-75.

[24] 王胜, 陶颂霖. 光面爆破参数的计算原理[J]. 有色金属(矿山部分),
1996(1): 26-31.

[25] 喻智, 林大能, 吴颂, 等. 水介质偏心不耦合装药爆破特性分析及药柱位
置优选[J]. 矿业工程研究, 2015, 30(3): 1-4.

[26] 蒲传金. 偏心不耦合装药爆破试验研究[J]. 化工矿物与加工, 2007, 36
(4): 30-32.

[27] 张建华. 偏心不耦合装药爆炸应力场研究及应用[J]. 工业安全与环保,
2001, 27(8): 20-23.

[28] 张志呈, 史瑾瑾, 蒲传金, 等. 偏心不耦合装药对岩石损伤的试验研究
[J]. 爆破, 2006, 23(4): 4-8.

[29] A. H. 哈努卡耶夫. 矿岩爆破物理过程[M]. 北京: 冶金工业出版
社, 1980.

[30] FOURNEY W L, BARKER D B, HOLLOWAY D C. Model studies of
explosive well stimulation techniques [J]. International Journal of Rock
Mechanics & Mining Sciences & Geomechanics Abstracts, 1981, 18(2):
113-127.

[31] 宗琦, 孟德君. 炮孔不同装药结构对爆破能量影响的理论探讨[J]. 岩石
力学与工程学报, 2003, 22(4): 641-645.

[32] 宗琦，田立，汪海波. 水介质不耦合装药爆破岩石破坏范围的研究和应用[J]. 爆破，2012，29(2)：42-46.

[33] 王文龙. 钻眼爆破[M]. 北京：煤炭工业出版社，1984.

[34] 杨永琦. 矿山爆破技术与安全[M]. 北京：煤炭工业出版社，1991.

[35] 陈俊桦，张家生，李新平. 基于岩石爆破损伤理论的预裂爆破参数研究及应用[J]. 岩土力学，2016，37(5)：1441-1450.

[36] 田运生，田会礼. 爆破地震波作用下民房破坏分析和破坏特征[J]. 爆破，2005(1)：96-98.

[37] DING D X, ZHU C Z. Estimating the Amount of Explosives for Notched Borehole Blasting[J]. Trans of N. M. S. China, 1993, 3(2)：18-21.

[38] 杨小林，王树仁. 岩石爆破损伤及数值模拟[J]. 煤炭学报，2000，25(1)：19-23.

[39] 管少华，蒲传金，肖定军，等. 偏心不耦合装药爆破裂纹扩展实验研究[J]. 爆破，2015，32(1)：16-21.

[40] 杜子建. 大跨隧道拱盖法施工地层沉降分析[J]. 铁道标准设计，2014，58(3)：110-113，118.

[41] 王安东. 一种新拱盖法—叠合初支拱盖法的特点与应用[J]. 现代城市轨道交通，2016，(1)：48-52，57.

[42] 杜宪武，刘运思，牟天光. PBA 地铁车站及暗挖区间隧道施工风险评估[J]. 工程建设与设计，2019(19)：167-168，176.

[43] 王路杰. 浅埋暗挖地铁车站施工风险评价研究[D]. 青岛：山东科技大学，2017.

[44] 王龚，刘保国，亓轶. 基于 WBS-RBS 与故障树耦合的地铁施工风险与评价[J]. 地下空间与工程学报，2015，11(S2)：772-779.

[45] 李晓兵. 双侧壁导坑法地铁车站开挖施工安全风险管理研究[D]. 兰州：

兰州交通大学，2018.

[46] 崔振东. 双侧壁导坑法施工大断面地铁车站中隔墙岩柱开挖稳定性分析及施工关键技术[J]. 隧道建设，2017，37(9)：1140-1145.

[47] 亓长君. 复杂地质条件下大跨径地铁浅埋暗挖隧道双侧壁导坑法施工技术[J]. 铁道建筑技术，2016(3)：10-13.

[48] 李文光，于金龙，刘学刚，等. 深埋车站双侧壁直立开挖施工方案优化[J]. 2018，34(5)：102-105，112.

[49] 于金龙，李文光，李满，等. 岩石地层地铁车站双侧壁导坑法施工技术研究[J]. 山西建筑，2018，44(3)：182-184.

[50] 田利锋. 复杂环境下地铁暗挖车站双侧壁导坑法支撑体系优化[J]. 铁道标准设计，2016，60(7)：130-133.

[51] 贾贵宝. 拱盖法在地铁车站施工中的应用[J]. 合作经济与科技，2011(12)：126-127.

[52] 吴学锋. 土岩复合地层拱盖法施工三维有限元数值模拟[J]. 城市轨道交通研究，2012(8)：135-138.

[53] 张光权，杜子建，宋锦泉，等. 地铁车站拱盖法施工沉降监测分析及控制对策[J]. 岩石力学与工程学报，2012，31(增1)：3413-3420.

[54] 李克先，李术才，赵继增. 大跨度暗挖地铁车站开挖工序优化研究[J]. 地下空间与工程学报，2017，13(5)：1329-1337.

[55] 邓昆，童建军，鲁彬，等. 超大断面暗挖地铁车站双层叠合初支拱盖法施工数值模拟[J]. 西南公路，2016(4)：81-87.

[56] 张国华，陈海勇，邓昆，等. 重庆地区层状岩地层超大断面暗挖地铁车站施工工法比选[J]. 城市轨道交通研究，2019，22(3)：137-141，173.

[57] 陈万丽，张鲁明，陈立鹏，等. 硬岩地层中扁平大跨隧道拱盖法施工优化分析[J]. 铁道建筑，2019，59(6)：51-54.

［58］朱晓雨.上软下硬地层超浅埋大跨地铁车站拱盖法施工优化研究［D］.绵阳：西南科技大学，2019.

［59］李卫，等.大跨硬岩地铁车站拱盖法开挖力学机制及适用性分析［J］.应用基础与工程科学学报，2019，27（4）：831-842.

［60］曹智淋.超大断面浅埋地铁车站暗挖施工稳定性研究［D］.西安：西安建筑科技大学，2018.

［61］宋超业，涂洪亮，乔春生.大连地铁2号线兴工街站浅埋大跨隧道双层初期支护组合形式及合理参数分析［J］.隧道建设，2015，35（6）：491-499.

［62］冶金建筑研究总院.锚杆喷射混凝土支护技术规范（GB 50086—2001）［S］.北京：中国计划出版社，2001.

［63］中铁二院工程集团有限责任公司.铁路隧道监控量测技术规程（Q/CR 9218—2015）［S］.北京：中国铁道出版社，2015.

［64］张长亮.基于监控量测与数值分析的隧道围岩稳定性判定方法研究［D］.重庆：重庆交通大学，2008.

［65］谢军，房营光，莫海鸿，等.特大断面隧道长期运营预警值的研究［J］.地下空间与工程学报，2009，5（1）：39-44.

［66］李培楠.六安—武汉高速公路隧道绝对位移控制基准研究［D］.成都：西南交通大学，2009.

［67］黄哲学.大跨扁平隧道安全基准值研究［D］.重庆：重庆交通大学，2012.

［68］郭军.大跨扁平公路隧道稳定性位移控制基准研究［J］.公路交通技术，2015（6）：73-78.

［69］郑欣，邓亮，程崇国.基于三台阶七步开挖法的三车道公路隧道极限位移研究［J］.交通运输研究，2017，3（4）：59-66.

［70］WANG J C, HOU W H, WANG X Z. Analysis of accident and risk sources factors for deep foundation pit［J］. Progress in Safety Science and Technology,

2005(5)：476-481.

[71] 王朝华. 城市轨道交通工程施工安全风险管理实务[M]. 北京：中国水利水电出版社，2016.

[72] 吴波著. 隧道施工安全风险管理研究与实务[M]. 北京：中国铁道出版社，2010.

[73] 中国土木工程协会，同济大学. 城市轨道交通地下工程建设风险管理规范（GB 50652—2011）[S]. 北京：中国建筑工业出版社，2011.

[74] 建设综合勘察研究设计院. 岩土工程勘察规范（GB 50652—2001）（2009年版）[S]. 北京：中国建筑工业出版社，2011.

[75] 中交第二公路勘察设计研究院有限公司. 公路隧道设计细则（JTG/T D70—2010）[S]. 北京：人民交通出版社，2010.

[76] 中铁二院工程集团有限责任公司. 铁路隧道设计规范（TB 10003—2016）[S]. 北京：中国铁道出版社，2016.

[77] 郑颖人，丛宇. 隧道稳定性分析与设计方法讲座之二：隧道围岩稳定性分析及其判据[J]. 隧道建设，2013，33（7）：531-536.

[78] 郑颖人，赵尚毅. 岩土工程极限分析有限元法及其应用[J]. 土木工程学报，2005（1）：91-98，104.

[79] 郑颖人，邱陈瑜，张红，等. 关于土体隧洞围岩稳定性分析方法的探索[J]. 岩石力学与工程学报，2008，27（10）：1968-1980.

[80] 李亚勇，张桂凤，靳晓光. 基于流固耦合的强度折减法研究地下水渗流对隧道稳定性的影响[J]. 铁道科学与工程学报，2017，14（3）：585-592.

[81] 中铁二局集团有限公司. 铁路隧道工程施工安全技术规程（TB 10304—2009）[S]. 北京：中国铁道出版社，2009.

[82] 郑颖人，王永甫. 隧道稳定性分析与设计方法讲座之一：隧道围岩压力理论进展与破坏机制研究[J]. 隧道建设，2013，33（6）：423-430.

[83] 长江水利委员会长江科学院. 工程岩体分级标准(GB/T 50218—2014)[S]. 北京:中国计划出版社,2014.

[84] 重庆市都安工程勘察技术咨询有限公司,重庆市设计院. 工程地质勘察规范(DBJ 50/T-043—2016)[S]. 2016.